八百年の時を超えて　今あなたに伝えたい

親鸞聖人のことば

―『教行信証』御自釈を読む―

浄土真宗本願寺派　総合研究所
浄土真宗本願寺派　情報メディアセンター本部

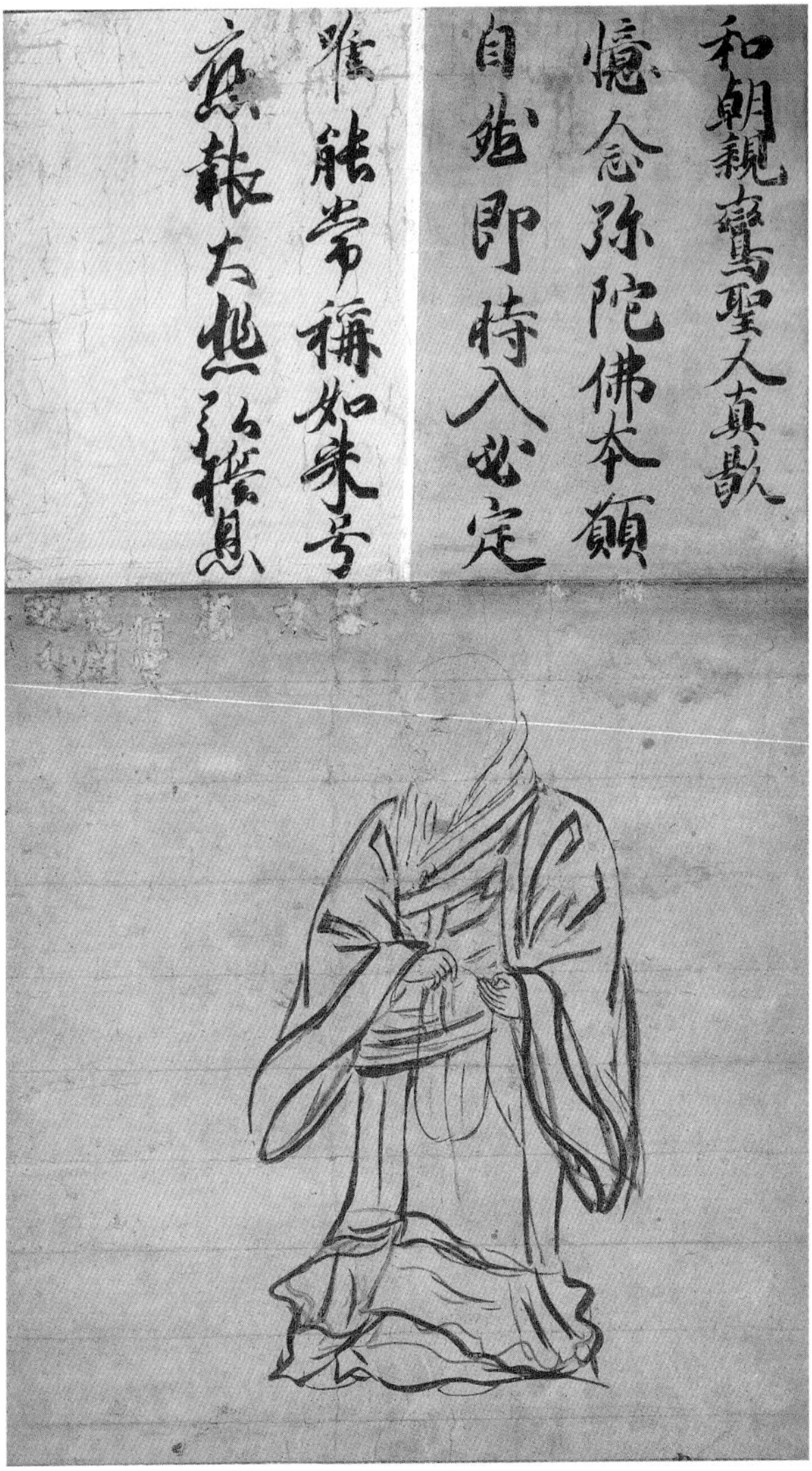
和朝親鸞聖人真影
憶念弥陀佛本願
自然即時入必定
唯能常稱如来号
應報大悲弘誓恩

親鸞聖人影像
鏡御影（国宝・西本願寺蔵）

親鸞聖人影像
安城御影副本（国宝・西本願寺蔵）

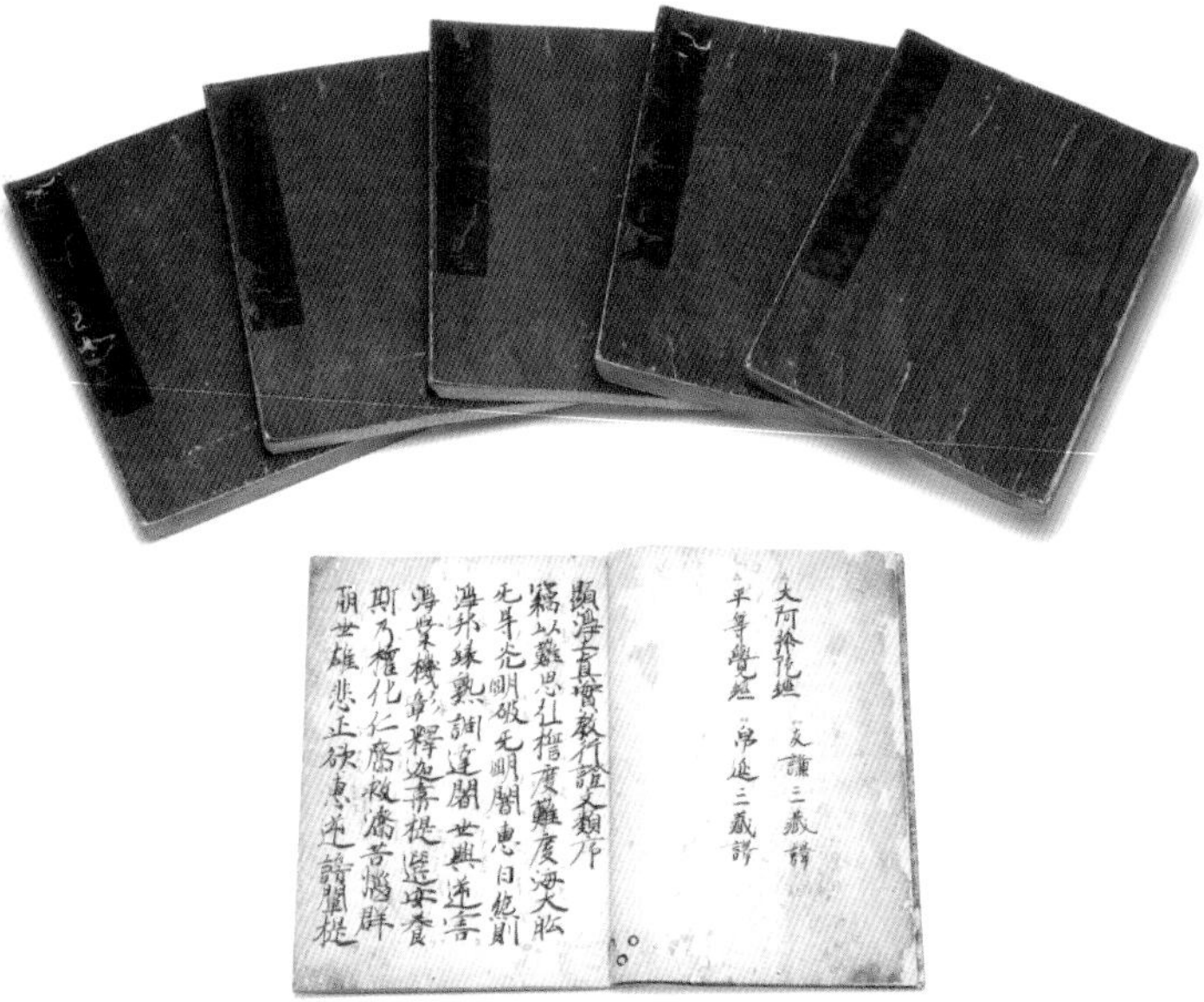

『教行信証』6冊
(重要文化財・西本願寺蔵)

八百年の時を超えて　今あなたに伝えたい

親鸞聖人のことば

―『教行信証』御自釈を読む―

目次

「御自釈」を読む　15

総説

付録 225

序文

本書は、浄土真宗《じょうどしんしゅう》の宗祖《しゅうそ》親鸞聖人《しんらんしょうにん》の御誕生《ごたんじょう》八百五十年・立教開宗《りっきょうかいしゅう》八百年慶《きょう》讃法要《さんほうよう》の記念出版として刊行するものです。

「御誕生」には説明は不要と思います。「立教開宗」とは、浄土真宗という宗旨が開かれたことを意味し、具体的には親鸞聖人の主著である通称『教行信証《きょうぎょうしんしょう》』（正式には『顕浄土真実教行証文類《けんじょうどしんじつきょうぎょうしょうもんるい》』）が著された年から起算して八百年を迎えるということです。

時おり、「親鸞聖人には立教開宗の意図はなかった」との声を聞きます。確かに、親鸞聖人ご自身の思いとしては、そう言えるかもしれません。例えば、法然聖人《ほうねんしょうにん》をたたえる和讃《わさん》（今様形式の語調での詩）では、

智慧光《ちえこう》のちからより　本師源空《ほんしげんくう》あらはれて

浄土真宗《じょうどしんしゅう》をひらきつつ　選択本願《せんじゃくほんがん》のべたまふ

とあるように、「浄土真宗をひらきつつ」という立教開宗の徳は「本師源空」（法然聖人）であると、高らかに讃詠されています。

その一方、本当にそれだけなら、法然聖人から書写を許された『選択本願念仏集《せんじゃくほんがんねんぶつしゅう》』一冊があれば充分なはずで、実際には『教行信証』という大著を書かれたことには、そこに突き動かされたからに他なりません。それが親鸞聖人における「立教開宗」の意義だと思います。

『教行信証』の大半は、膨大な仏典の引文で占められており、そこには真実を顕《あらわ》されたご功績は経典や先師がたであるとの配慮が窺《うかが》われます。同書の中では少ない分量ながら、親鸞聖人ご自身による解釈のご文があり、これを「御自釈《ごじしゃく》」と称しています。このたびの企画では、その御自釈の中から浄土真宗の特徴を理解しやすいご文を集め、それを現代の平易な表現で意訳し、親鸞聖人の思いをじかに味わっていただくことを目的にしています。

混迷を深め、何が真実であるかが見失われがちで、多くの人が生きづらさを抱えている現代ですが、そんな人たちに少しでも力になればと願ってやみません。

二〇二三（令和五）年三月

浄土真宗本願寺派総合研究所副所長〈所長職務代行〉　**満井秀城**

「親鸞聖人のみ教えを学ぶ」

親鸞聖人《しんらんしょうにん》は、九十年の生涯において、漢文、和文、和讃、御消息《ごしょうそく》など、数多くの著作を残されました。その中心となるのが『顕浄土真実教行証文類《けんじょうどしんじつきょうぎょうしょうもんるい》』（『教行信証《きょうぎょうしんしょう》』）であり、浄土真宗の教えを開かれた根本聖典として「本典《ほんでん》」などとも呼ばれています。

『教行信証』について、親鸞聖人七百五十回大遠忌《だいおんき》の記念として出版された『『顕浄土真実教行証文類』解説論集』（『『教行信証』の研究』第一巻、二〇一二年）では、次のように述べられています。

『教行信証』はとても難解な書である。膨大な経論釈を引いて、ところどころに宗祖の私釈がある。それぞれの文章は非常に格調の高いものであると同時に信心の書でもあるので、聖人の深い慶びが語られている。今、本願のみ教えに遇いえた、深い深い浄土への歩みが語られている。

（六五頁）

『教行信証』の本文は、親鸞聖人ご自身が述べられた「御自釈《ごじしゃく》」（私釈）と、『仏説無《ぶっせつむ》量寿経《りょうじゅきょう》』や七高僧《しちこうそう》撰述をはじめとする「引用文」（経論釈）からなります。各巻の冒頭や結びなどの要所に配置された「御自釈」は、重要なテーマや要語を取りあげて叙述しており、本文の大部分を占める「引用文」は、阿弥陀仏《あみだぶつ》の救いの細部にわたる内容を明らかにしています。こうしたことから、『教行信証』を読み解くためには、「御自釈」と「引用文」をともに読み進めていく必要があります。このことが「難解な書」と評される一因でもあり、決して容易に理解できるものではありません。

そこで本書では、親鸞聖人のみ教えの概要をその一端だけでも知ることができるよう、「御自釈」の文を適宜選定し、次のような構成をとって読み進めていけるようにしました。

一、立教開宗《りっきょうかいしゅう》　二、浄土真宗《じょうどしんしゅう》　三、阿弥陀仏《あみだぶつ》と釈尊《しゃくそん》　四、本願力《ほんがんりき》
五、称名《しょうみょう》と名号《みょうごう》　六、信心《しんじん》と利益《りやく》　七、念仏者《ねんぶつしゃ》

それぞれの「御自釈」は、既存の聖典や現代語訳を参照しながら、可能な限りわか

りやすい表現に改め、これまで『教行信証』に親しみのなかった方にも理解しやすいよう配慮するとともに、【私を変える親鸞聖人のことば】や【見出し】を通して、現代においてみ教えを身近に感じていただくことを企図しています。

浄土《じょうど》真宗《しんしゅう》本願寺派《ほんがんじは》では、長年にわたって聖典編纂《せいてんへんさん》の事業が行われ、『教行信証』の現代語版や英訳が刊行されてきました。本書は、こうした長い歴史の中で変わらず志されてきた「親鸞聖人のお心を知る」ための営みに連なるものであり、『教行信証』の研鑽や学びに少しでも寄与できればと思います。

『教行信証』の言葉の数々が、より多くの方々に届き、親鸞聖人のみ教えに親しみをもっていただきたいと念願するばかりです。

凡例

一、本書は、『教行信証』の中で親鸞聖人ご自身が述べられた「御自釈」を通して、より多くの方々に浄土真宗のみ教えにふれていただくことを企図して制作された。

二、本書は、「「御自釈」を読む」を中心に構成し、その他、読解に資する内容が適宜収録されている。特に、これまでお寺や仏教に親しみのなかった方にも、親鸞聖人の言葉を味わっていただくために、【見出し】や【私を変える親鸞聖人のことば】を設け、どなたでも気軽にお読みいただけるよう工夫した。

三、口絵には、本派本願寺蔵の親鸞聖人御影「鏡御影」「安城御影副本」及び『教行信証』鎌倉時代書写本（西本願寺本）の写真を掲載した。

四、御自釈は、立教開宗の年時を示す「三時開遮」の文を筆頭に、三つの序（総序・別序・後序）および各巻の御自釈の文を全七章に分けて収録した。

五、主として【見出し】、【令和訳】、【本文】、【私を変える親鸞聖人のことば】で構成した。浄土真宗本願寺派総合研究所が作成に携わり、ＰＨＰ研究所、本願寺出版社など各所の協力を仰ぎつつ制作された。

【令和訳】…蓮如上人五百回遠忌法要記念として公刊された『浄土真宗聖典 顕浄土真実教行証文類（現代語版）』（浄土真宗教学研究所浄土真宗聖典編纂委員会編纂、本願寺出版社、二〇〇〇年）に基づいて、浄土真宗のみ教えの概要をつかめるよう訳語を工夫し、適宜改行を施すなどして作成した。

【本文】…漢文（白文、『浄土真宗聖典全書』第二巻による）とともに読解の便を考慮して訓読文（『浄土真宗聖典（註釈版第二版）』による）を掲載した。漢字は適宜、新字に改めた。

【私を変える親鸞聖人のことば】…宗祖親鸞聖人七百五十回大遠忌を機縁として公刊された『『顕浄土真実教行証文類』解説論集』（『教行信証』の研究』第一巻、浄土真宗本願寺派総合研究所編、浄土真宗本願寺派宗務所、二〇一二年）等を参照した。また、聖教の引用にあたっては、理解の便のため、できる限り『浄土真宗聖典 顕浄土真実教行証文類（現代語版）』の訳文を付して示した。

六、聖典等の表記にあたっては、それぞれ次のような略称を用いた。

註釈版　『浄土真宗聖典（註釈版第二版）』（本願寺出版社、二〇〇四年）

註釈版七祖篇　『浄土真宗聖典（註釈版七祖篇）』（本願寺出版社、一九九六年）

聖典全　『浄土真宗聖典全書』（本願寺出版社、二〇一一～二〇一九年）

解説論集　『『顕浄土真実教行証文類』解説論集』（『『教行信証』の研究』第一巻、浄土真宗本願寺派宗務所、二〇一二年）

縮刷本　『本願寺蔵顕浄土真実教行証文類縮刷本』上・下（『『教行信証』の研究』第三・四巻、浄土真宗本願寺派宗務所、二〇一二年）

「御自釈」を読む

一、立教開宗

今の自分をかえりみる。
そういう姿勢で
生きているだろうか。

令和訳

いまは、あらゆる欲望に汚《けが》された末法《まっぽう》の時代である。ところが、人びとはそのような自覚もなく、ただいたずらに僧侶の振る舞いを批判している。この末法の時代を生きるものは、僧侶であっても僧侶でなくても、自分自身のことをよくわきまえておかなければならない。

仏教が徐々に衰退していくことを三つの段階（三時《さんじ》——正法《しょうぼう》・像法《ぞうぼう》・末法《まっぽう》）に区分する歴史観にそって考えてみると、釈尊《しゃくそん》が入滅《にゅうめつ》された年代は紀元前九四九年（周《しゅう》の穆王《ぼくおう》五十三年）であり、いまが一二二四（元仁《げんにん》元）年であるから、二一七三年が経っていることになる。『賢劫経《けんごうきょう》』や『仁王経《にんのうぎょう》』、『涅槃経《ねはんぎょう》』などの経典を紐解けば、釈尊入滅後一五〇〇年より末法の時代に入ると説かれているから、末法の時代に入ってからすでに六七三年もの歳月が流れているのである。

本文　聖典全二一三・註釈版四一七

爾者、穢悪濁世群生、不知末代旨際、毀僧尼威儀。今時道俗思量己分。

按三時教者、勘如来般涅槃時代、当周第五主穆王五十一年壬申。従其壬申至我元仁元年元仁者後堀川院諱茂仁聖代也甲申、二千一百八十三歳也。又依『賢劫経』・『仁王経』・『涅槃』等説、已以入末法六百八十三歳也。

しかれば、穢悪濁世《えあくじょくせ》の群生《ぐんじょう》、末代《まつだい》の旨際《しさい》を知《し》らず、僧尼《そうに》の威儀《いぎ》を毀《そし》る。今《いま》の時《とき》の道俗《どうぞく》、おのれが分《ぶん》を思量《しりょう》せよ。

三時《さんじ》の教《きょう》を案《あん》ずれば、如来般涅槃《にょらいはつねはん》の時代《じだい》を勘《かんが》ふるに、周《しゅう》の第五《だいご》の主《しゅ》、穆王五十三《ぼくおうごじゅうさん》年壬申《ねんみずのえさる》に当《あた》れり。その壬申《みずのえさる》よりわが元仁元年《げんにんがんねん》元仁《げんにん》とは後堀河院《ごほりかわいん》、諱茂仁《いみなゆたひと》の聖代《せいだい》なり甲申《きのえさる》に至《いた》るまで、二千一百七十三歳《にせんいっぴゃくしちじゅうさんさい》なり。また『賢劫経《けんごうぎょう》』・『仁王経《にんのうぎょう》』・『涅槃《ねはん》』等《とう》の説《せつ》によるに、すでにもつて末法《まっぽう》に入《い》りて六百七十三歳《ろっぴゃくしちじゅうさんさい》なり。

＊『註釈版』では、底本にある「五十一年」「二千一百八十三歳」「六百八十三歳」をそれぞれ「五十三年」「二千一百七十三歳」「六百七十三歳」と改めている。令和訳もこれに従った。

私を変える親鸞聖人のことば

『教行信証』の第六巻「化身土文類《けしんどもんるい》」聖道釈《しょうどうしゃく》では、この世でさとりを開くことを目指すという「聖道門《しょうどうもん》」の教えではさとりを開くことが困難であることを明らかにされています。その中、仏教の歴史観である「三時思想《さんじしそう》」に基づいて、釈尊の入滅年時や入末法から「元仁元年」までの年時を定めている箇所です。

「三時思想」とは、釈尊が亡くなられた後、時の経過に従って仏教が衰退していくことを正法《しょうぼう》・像法《ぞうぼう》・末法《まっぽう》の「三時」に分けたものです。「三時」それぞれの意味は、次の通りです。

「正法」……釈尊が説いた教え（教《きょう》）があり、それにしたがって修行し（行《ぎょう》）、さとりを開く（証《しょう》）ものがいる時代。釈尊の入滅後、五百年あるいは千年とされる。

「像法」……教と行はあるが、証がない時代。正法が過ぎて、千年とされる。

「末法」……教のみあって、行と証がない時代。像法の後、一万年とされる。

ここでは、「三時」をもとに、釈尊の入滅後、親鸞聖人までに何年が経過したのか、そして親鸞聖人の時代が末法に入って何年かを明らかにされています。

まず、釈尊が入滅された年は紀元前九四九年（周の穆王五十三年）であり、それから「わが元仁元年」（一二二四年）まで二一七三年が経過していると算定されています。

さらに、正法と像法がそれぞれ五百年・千年であることを説く『賢劫経』・『仁王経』・『涅槃経』などによって、「元仁元年」は末法の時代に入ってすでに六七三年もの歳月が経過していると算定されています。

親鸞聖人がお生まれになった平安時代から鎌倉時代にかけては、戦乱や飢饉、疫病などによって、人も世も乱れ、人びとは「末法」の到来を感じていました。そうした中、「末法」であることを顧みることなく、ただいたずらに僧侶どうしが批判し合うような状況がありました。これに対して、親鸞聖人は、

「この末法の時代を生きるものは、僧侶であっても僧侶でなくても、自分自身のことをよくわきまえておかなければならない」

と述べられています。どのような時代に生きているのか、また、その時代に生きるものはどのようなものなのかをしっかりとわきまえなければならない、といわれているのです。

江戸時代以来、本御自釈に記されている「わが元仁元年」が、『教行信証』撰述の年であると考えられてきました。一八七六（明治九）年に真宗四派によって定められ

た「宗規綱領《しゅうきこうりょう》」（『真宗史料集成』第十一巻）において、親鸞聖人五十二歳の時に製作された本書が立教開宗の書である旨が明記され、立教開宗七百年にあたる一九二三（大正十二）年には記念法要が執り行われました。浄土真宗では、『教行信証』が撰述された年とみられる一二二四（元仁元）年を、親鸞聖人が浄土真宗という教えを開かれた「立教開宗」の年と定めています。

（『教行信証』の成立については、総説ⅰ「『教行信証』の成立と展開」をご参照ください）

> 今、生きている時代はどのような時代なのか。今、生きている私はどのような私なのか。
> 時には、客観的な位置から、今生きている時代や人を見つめ直すことが、「これから」を考えるために必要なことではないでしょうか。

（参考）本文：縮刷本七六七、解説：解説論集一三・五五一・五五五

世の中には
いろんな「正しさ」がある。
その正しさは、
誰かを傷つけては
いないだろうか。

令和訳

わたしなりに考えをめぐらせてみると、自ら修行しこの世でさとりを開くという聖道《しょうどう》の教えは久しく廃《すた》れてしまい、阿弥陀仏のはたらきにより浄土に往生してさとりを開くという真実の教えはいま盛んである。

しかし、諸寺の僧侶たちは、教えの本質を見失い、真実と真実でないものの違いすら知らない。朝廷に仕える学者たちも、行の見分けがつかず、正しい教えと間違った教えの区別もできない。このようなわけで、興福寺《こうぶくじ》の僧侶たちは、一二〇七（承元《じょうげん》元）年二月上旬、朝廷に専修念仏《せんじゅねんぶつ》の停止《ちょうじ》を求める訴えを起こした。天皇や臣下のものたちは、法に背き、道理にも外れ、怒りと怨みの感情を抱いたのである。

これによって、法然聖人《ほうねんしょうにん》とその門下数人は、罪の内容を吟味されることなく、一方的に不当な罰を受けた。安楽《あんらく》・住蓮《じゅうれん》など四名は死罪となり、法然聖人ら数名は僧侶の身分を剝奪され、俗名を与えられて、流罪となった。わたしもその一人である。

だから、わたしはもはや僧侶でもないが、かといって俗人でもない。このようなわけで、禿《とく》の字をもって自らの姓としたのである。法然聖人とその門弟たちは、流罪となって五年の歳月を経ている。

一二一一（建暦《けんりゃく》元）年十一月十七日、ようやく法然聖人は赦免《しゃめん》されて都にお戻りになられた。それ以降は、京都東山の西の麓、鳥部野《とりべの》の北のあたり、大谷の地にお住まいになった。そして一二一二（建暦二）年一月二十五日、正午にお亡くなりになったのである。臨終の際に起きた数多《あまた》の不思議で尊い出来事は、法然聖人の別の伝記に記されている。

本文　聖典全二五三・註釈版四七一

竊以、聖道諸教行証久廃、浄土真宗証道今盛。然諸寺釈門、昏教兮不知真仮門戸、洛都儒林、迷行兮無弁邪正道路。斯以興福寺学徒、奏達

太上天皇諱尊成

今上諱為仁聖暦、承元丁卯歳仲春上旬之候。主上臣下、背法違義、成忿結怨。因茲真宗興隆大祖源空法師并門徒数輩、不考罪科、猥坐死罪。或改僧儀賜姓名処遠流。予其一也。爾者已非僧非俗。是故以禿字為姓。空師并弟子等、坐諸方辺州経五年居諸。

皇帝諱守成聖代、建暦辛未歳子月中旬第七日、蒙　勅免入洛已後、空居洛陽東山

西麓、鳥部野北辺、大谷。同二年壬申寅月下旬第五日午時入滅。奇瑞不可称計。見別伝。

ひそかにおもんみれば、聖道《しょうどう》の諸教《しょきょう》は行証《ぎょうしょう》久《ひさ》しく廃《すた》れ、浄土《じょうど》の真宗《しんしゅう》は証道《しょうどう》いま盛《さか》んなり。しかるに諸寺《しょじ》の釈門《しゃくもん》、教《きょう》に昏《くら》くして真仮《しんけ》の門戸《もんこ》を知《し》らず、洛都《らくと》の儒林《じゅりん》、行《ぎょう》に迷《まど》ひて邪正《じゃしょう》の道路《どうろ》を弁《わきま》ふることなし。ここをもつて、興福寺《こうぶくじ》の学徒《がくと》、太上天皇《だじょうてんのう》後鳥羽院《ごとばのいん》と号《ごう》す、諱尊成《いみなたかひら》今上《きんじょう》土御門院《つちみかどのいん》と号《ごう》す、諱為仁《いみなためひと》聖暦《せいれき》、承元丁卯《じょうげんひのとのう》の歳《とし》、仲春上旬《ちゅうしゅんじょうじゅん》の候《こう》に奏達《そうたつ》す。主上臣下《しゅじょうしんか》、法《ほう》に背《そむ》き義《ぎ》に違《い》し、忿《いか》りを成《な》し怨《うら》みを結《むす》ぶ。これによりて、真宗興隆《しんしゅうこうりゅう》の大祖源空法師《たいそげんくうほっし》ならびに門徒数輩《もんとすはい》、罪科《ざいか》を考《かんが》へず、猥《みだ》りがはしく死罪《しざい》に坐《つみ》す。あるいは僧儀《そうぎ》を改《あらた》めて姓名《しょうみょう》を賜《たも》うて遠流《おんる》に処《しょ》す。予《よ》はその一《ひと》つなり。しかれば、すでに僧《そう》にあらず俗《ぞく》にあらず。このゆゑに禿《とく》の字《じ》をもつて姓《しょう》とす。空師《くうし》(源空)ならびに弟子等《でしら》、諸方《しょほう》の辺州《へんしゅう》に坐《つみ》して五年《ごねん》の居諸《きょしょ》を経《へ》たりき。皇帝《こうてい》佐渡院《さどのいん》、諱守成《いみなもりなり》聖代《せいだい》、建暦辛未《けんりゃくかのとのひつじ》の歳《とし》、子月《しげつ》の中旬第七日《ちゅうじゅんだいしちにち》に、勅免《ちょくめん》を蒙《かぶ》りて入洛《じゅらく》して以後《いご》、空《くう》(源空)、洛陽《らくよう》の東山《ひがしやま》の西《にし》の麓《ふもと》、鳥部野《とりべの》の北《きた》の辺《ほとり》、大谷《おおたに》に居《い》たまひき。同《おな》じき二年《にねん》壬申《みずのえさる》寅月《いんがつ》の下旬第五日午時《げじゅんだいごにちうまのとき》に入滅《にゅうめつ》したまふ。奇瑞《きずい》称計《しょうげ》すべからず。別伝《べつでん》に見《み》えたり。

第六巻「化身土文類《けしんどもんるい》」の末尾には、『教行信証』全体の結びとされる「後序《ごじょ》（後跋）」と呼ばれるご文があります。その中、専修念仏《せんじゅねんぶつ》に対して起こった弾圧について述べられた箇所です。

一一七五（承安《じょうあん》五）年、法然聖人は四十三歳の時、善導大師《ぜんどうだいし》の『観経疏《かんぎょうしょ》』「散善《さんぜん》義《ぎ》」の文に出あわれ、あらゆるものが念仏ひとつによって阿弥陀仏の浄土に往生できるとする専修念仏の道に帰依《きえ》されました。聖人は程なくして比叡山《ひえいざん》を下りられます。はじめは京都西山の広谷《ひろだに》（現在の京都府長岡京市）に、その後は東山大谷の吉水《よしみず》（現在の京都市東山区）に庵を結び、専修念仏の教えを説き広めていかれました。その教えは、公家や武士から一般庶民まで幅広い層の人びとに受け入れられ、多くの人びとがその教えを聞きに集まったといわれています。

ところが、南都北嶺《なんとほくれい》の仏教勢力は、これを快く思わなかったようです。専修念仏の教えが京都のみならず諸国にも広まり、広く影響するようになると、法然聖人らを繰り返し非難し、ついには朝廷に対して専修念仏の停止を求める訴えを起こしたのでした。

一二〇四（元久元《げんきゅう》）年、法然聖人は、比叡山延暦寺《えんりゃくじ》による弾圧に対して「起請文《きしょうもん》」を送り、門弟に対して「七箇条制誡《しちかじょうせいかい》」（『聖典全』六・二二頁）を製作して署名させています。百九十名の門弟が連署する中、親鸞聖人も八十七人目に自筆で「僧綽空」と記されています（原本は京都府二尊院蔵）。

「七箇条制誡」では、天台《てんだい》・真言《しんごん》の教えや阿弥陀仏以外の仏・菩薩《ぼさつ》に対して誹謗《ひほう》すること（第一条）、他宗のものと必要以上に論争すること（第二条）、みずからは戒行《かいぎょう》を必要としないといって淫酒肉食《いんしゅにくじき》を勧め、阿弥陀仏の本願を信じるものは悪行を犯してもいいと説くこと（第四条）などが誡められています。当時、他宗を誹謗する、悪を勧めるなど問題行動を起こすものが現れ、比叡山などとの間に軋轢が生じていたことがうかがえます。

翌一二〇五（元久二）年十月、南都の興福寺は、法然聖人がたてた「念仏の宗」に対して九箇条の過失をあげて、門弟たちへの処分と専修念仏の停止を求めた訴えを起こしました。「興福寺奏状《こうぶくじそうじょう》」（『聖典全』六・七五九頁）と呼ばれるもので、解脱房《げだつぼう》貞慶《じょうけい》（一一五五―一二一三）が起草したといわれています。例えば、朝廷の許可がないまま新しい宗を立てること（第一条「新宗を立つる失」）、阿弥陀仏だけを礼拝して釈尊を軽んじること（第三条「釈尊を軽んずる失」）、諸行往生《しょぎょうおうじょう》を否定すること（第六条「浄土に暗き失」）などを挙げて、非難しています。

そうした中、一二〇六（建永《けんえい》元）年十二月、事態が急変します。後鳥羽上皇《ごとばじょうこう》（一一八〇—一二三九）が紀伊《きい》の熊野社《くまのしゃ》に参詣されている間に、上皇に仕えていた女性が門弟たちの開いた念仏法会《ほうえ》に参加し、出家したことが、上皇に伝わったとされています。

翌一二〇七（建永二・承元元）年二月、専修念仏停止の宣旨が下りました。住蓮房や安楽房遵西《じゅんさい》ら四名は死罪、法然聖人や親鸞聖人を含む八名は、僧籍を剝奪された上で流罪に処されました。いわゆる「承元《じょうげん》の法難《ほうなん》」と呼ばれる事件です。法然聖人は藤井元彦《ふじいのもとひこ》という俗名を与えられて土佐《とさ》国（実際には讃岐《さぬき》国〈現在の香川県〉）に、親鸞聖人は藤井善信《ふじいのよしざね》という俗名を与えられ、越後《えちご》国（現在の新潟県）の国府《こくぶ》へと流されました（『歎異抄《たんにしょう》』流罪記録〈『註釈版』八五五頁〉や『親鸞聖人血脈文集《けちみゃくもんじゅう》』〈『聖典全』二・八八〇頁〉にも同様の記録があります）。

この法難に対し、親鸞聖人は、「罪の内容を吟味されることなく、一方的に不当な罰を受けた」と述べ、「法に背き、道理にも外れ、怒りと怨みの感情を抱いた」と強い語勢で批判されています。「忿り」や「怨み」の結果として死罪・流罪が行われたことに、法や道理に背いた行為であると述べられているのです。

以後、親鸞聖人は、「非僧非俗《ひそうひぞく》」（国家に帰属する「僧侶」でもなく、世俗にまみれた「俗人」でもない）の立場となられ、智もなく愚悪にして、剃髪《ていはつ》もせず結髪《けっぱつ》もしないことを意味する「愚禿《ぐとく》」（「禿」）を自らの姓とされました。

私たちは、自分の思いや価値観などを、他人に勧めたり、共感を求めたりすることがあります。なぜなら、それらは「良いこと／正しいこと」だと思っているからです。しかし、そうした行為は、本当にその人のためになっているのでしょうか。批判や強制になってはいないでしょうか。傷つけてはいないでしょうか。お互いの「正しさ」がぶつかり合う時、対立が芽生え、時には大きな争いにまで発展してしまうことがあります。自分自身が考える正しさとは何なのか、一度問うてみることも必要でしょう。

（参考）本文：縮刷本九一六、解説：解説論集五七一

後序❷

人生は出あいがすべて。
とりわけ師と呼べる人との
出あいは生涯の宝物。
出あいに気づくための
準備はできているだろうか。

令和訳

一二〇一（建仁《けんにん》元）年、愚禿釈《ぐとくしゃく》の親鸞《しんらん》は、源空《げんくう》（法然《ほうねん》）聖人《しょうにん》と出あい、自力《じりき》の行を捨てて本願《ほんがん》に帰依した。

一二〇五（元久《げんきゅう》二）年、法然聖人のお許しをいただいて、『選択集《せんじゃくしゅう》』を書き写した。同年四月十四日には、その書き写した『選択集』に、法然聖人自ら筆をとって、本文のはじめの「選択本願念仏集」という題名と「南無阿弥陀仏　往生之業　念仏為本」というご文、並びに「釈綽空」というわたしの名を書いてくださった。また同じ日に、法然聖人の真影《しんねい》（絵像）をお借りして、描き写させていただいた。

同年閏七月二十九日、その写した真影に「南無阿弥陀仏」の六字の名号と、「若我成仏　十方衆生　称我名号　下至十声　若不生者　不取正覚　彼仏今現在成仏　当知本誓重願不虚　衆生称念必得往生」という善導大師《ぜんどうだいし》が著された『往生礼讃《おうじょうらいさん》』のご文を、法然聖人が自ら書いてくださった。

またわたしは、夢のお告げによって「綽空」から名を改め、同じ日に、これも法然聖人が自ら筆をとって、その名を書いてくださった。法然聖人、七十三歳の時のことであった。

本文　聖典全二五四・註釈版四七二

然愚禿釈鸞、建仁辛酉暦、棄雑行兮帰本願。元久乙丑歳、蒙恩恕兮書『選択』。同年初夏中旬第四日、「選択本願念仏集」内題字、并「南无阿弥陀仏往生之業念仏為本」与「釈綽空」字、以空真筆令書之。同日、空之真影申預、奉図画。同二年閏七月下旬第九日、真影銘以真筆令書「南无阿弥陀仏」与「若我成仏十方衆生、称我名号下至十声、若不生者不取正覚、彼仏今現在成仏、当知本誓重願不虚、衆生称念必得往生」之真文。又依夢告、改綽空字、同日、以御筆令書名之字畢。本師聖人今年七旬三御歳也。

しかるに愚禿釈《ぐとくしゃく》の鸞《らん》、建仁辛酉《けんにんかのとのとり》の暦《れき》、雑行《ぞうぎょう》を棄《す》てて本願《ほんがん》に帰《き》す。元久乙丑《げんきゅうきのとのうし》の歳《とし》、恩恕《おんじょ》を蒙《かぶ》りて『選択《せんじゃく》』（選択集）を書《しょ》しき。同《おな》じき年《とし》の初夏中旬第四日《しょかちゅうじゅんだいしにち》に、「選《せん》択本願念仏集《じゃくほんがんねんぶつしゅう》」の内題《ないだい》の字《じ》、ならびに「南無阿弥陀仏《なもあみだぶつ》　往生之業《おうじょうしごう》　念仏為本《ねんぶついほん》」と「釈綽空《しゃくしゃくくう》」の字《じ》と、空《くう》の真筆《しんぴつ》をもつて、これを書《か》かしめたまひき。同《おな》じき日《ひ》、空《くう》の真影《しんねい》の銘《めい》真影《しんねい》申《もう》し預《あず》かりて、図画《ずが》したてまつる。同《おな》じき二年閏七月下旬第九日《にねんうるうしちがつげじゅんだいくにち》、真影《しんねい》の銘《めい》は、真筆《しんぴつ》をもつて「南無阿弥陀仏《なもあみだぶつ》」と「若我成仏《にゃくがじょうぶつ》　十方衆生《じっぽうしゅじょう》　称我名号《しょうがみょうごう》　下至十声《げしじっしょう》　若不生者《にゃくふしょうじゃ》　不取正覚《ふしゅしょうがく》　彼仏今現在成仏《ひぶつこんげんざいじょうぶつ》　当知本誓重願不虚《とうちほんぜいじゅうがんふこ》　衆生称念必得往生《しゅじょうしょうねんひっとくおうじょう》」（礼讃　七一一）の真文《しんもん》とを書《か》かしめたまふ。また夢《ゆめ》の告《つ》げによりて、綽空《しゃくくう》の字《じ》を改《あらた》めて、同《おな》じき日《ひ》、御筆《ごひつ》をもつて名《な》の字《じ》を書《か》かしめたまひをはんぬ。本師聖人《ほんししょうにん》（源空）今年《こんねん》は七旬三《しちじゅんさん》の御歳《おんとし》なり。

私を変える親鸞聖人のことば

「後序《ごじょ》」の中、法然聖人に『選択集』や真影《しんねい》（法然聖人の絵像）の図画を許可されたことが述べられた箇所です。

親鸞聖人は、法然聖人と出あう前、比叡山《ひえいざん》で学問修行の道を歩まれていました。『親鸞聖人伝絵《しんらんしょうにんでんね》（御伝鈔《ごでんしょう》）』（『註釈版』一〇四三頁）によれば、九歳の時に出家得度し、「範宴《はんねん》」と名乗られた親鸞聖人は、横川《よかわ》で念仏を広められた源信和尚《げんしんかしょう》の流れを受け継いで仏教の教えを修学されていたと伝えられています。その頃の様子を、妻の恵《え》信尼《しんに》公は、「殿《との》の比叡《ひえい》の山《やま》に堂僧《どうそう》つとめておはしましけるが」（『恵信尼消息《えしんにしょうそく》』第一通・『註釈版』八一四頁）と記しており、常行三昧堂《じょうぎょうざんまいどう》で堂僧をつとめていたと考えられています。

しかし、一二〇一（建仁元《けんにん》）年、二十九歳の時に、比叡山を下りられました。京都の六角堂《ろっかくどう》に百日間参籠《さんろう》し、九十五日目の暁《あかつき》に夢告《むこく》を授かりました。『恵信尼消息』には「聖徳太子《しょうとくたいし》の文《もん》を結《むす》びて」（第一通・『註釈版』八一一頁）とあり、この時の夢告については、「聖徳太子廟窟偈《しょうとくたいしびょうくつげ》」とする説、「行者宿報偈《ぎょうじゃしゅくほうげ》」とする説などがあります。

その後、「後世《ごせ》のたすからんずる縁《えん》」（『恵信尼消息』第一通・『註釈版』八一一頁）を求めて、法然聖人の吉水の草庵に、晴れの日も雨の日も、風の強い日も百日間通い続け、ついに本願念仏《ほんがんねんぶつ》のみ教えに帰依されました。

入門してから四年後、一二〇五（元久二《げんきゅう》）年、親鸞聖人三十三歳の時には、法然聖人より『選択集』を書き写すことと真影を写すことが許されました。そればかりでなく、親鸞聖人が書き写した『選択集』に、題号「選択本願念仏集」、標宗の文「南無阿弥陀仏　往生之業　念仏為本」、「釈綽空」（親鸞聖人の名）を、同じく写した真影に銘文《めいもん》（六字名号と善導大師の『往生礼讃』文）を、それぞれ法然聖人の真筆で書いていただいたことが記されています。親鸞聖人は続けて、夢の告げによって改名し、同じ日に、その名前を法然聖人に自筆で書いていただいたとも記されています。

親鸞聖人が法然聖人に大きな信頼を寄せ、生涯の師と仰がれていたことは、親鸞聖人の門弟のひとりである唯円《ゆいえん》が記した『歎異抄《たんにしょう》』第二条にある、次のような親鸞聖人の言葉からうかがえます。

・親鸞《しんらん》におきては、ただ念仏《ねんぶつ》して、弥陀《みだ》にたすけられまゐらすべしと、よきひと（法然）の仰《おお》せをかぶりて、信《しん》ずるほかに別《べつ》の子細《しさい》なきなり。

（『註釈版』八三二頁）

・たとひ法然聖人《ほうねんしょうにん》にすかされまゐらせて、念仏《ねんぶつ》して地獄《じごく》におちたりとも、さらに後悔《こうかい》すべからず候《そうろ》ふ。

（同右）

なお、夢の告げによる改名については、従来「綽空」から「善信」に改めたともいわれてきましたが、「善信」は房号《ぼうごう》（実名とは別の僧侶としての名）であって、『教行信証』各巻に記される「親鸞」が実名だと考えられています。現在では、この時に「親鸞」に改めたとする説が有力になっています。

私たちは、多くの人とさまざまな形で出あいます。人生を通してみると、いったいどれほどの人と出あうのでしょうか。それは、きっと想像もできないほどの数でしょう。

　そうした中で、人生を左右するほどの出あいはいくつあるのでしょうか。実はもうあったのかもしれませんし、遠い先にあるのかもしれません。

　しかし、ただ待っているばかりではなく、求めているからこそ、気づける出あいもあるはずです。だからこそ、出あいの一つひとつを大切にしたいものです。


（参考）本文：縮刷本九一八、解説：解説論集五七三

後序❸

出あいはひとつではない。
出あいによって、
私も変わり、
あなたも変わる。

令和訳

『選択集《せんじゃくしゅう》』は、関白九条兼実《くじょうかねざね》の求めによって法然聖人《ほうねんしょうにん》が著されたものである。この書には、浄土真宗の教えのかなめ、他力念仏の深い思召しがおさめられており、拝読するものは誰でも容易にその道理に達することができる。本当にたぐいまれなすぐれたご文であり、この上なく奥深い教えが説かれた尊い書である。

長い歳月の中で法然聖人の教えを受けたものは数多くいるが、親疎を問わず、この書を書き写すことを許されたものはごくわずかしかいない。それにもかかわらず、わたしはすでに『選択集』の書写を許され、真影《しんねい》（絵像）まで写させていただいた。これは念仏の道をただひと筋に歩んできたことによる恵みであり、阿弥陀仏の浄土に往生することが定まっていることのしるしである。

これらのことから、悲喜の涙を押えて、ここに本書の由来を書き記す。

本文　聖典全二―五五・註釈版四七三

『選択本願念仏集』者、依禅定博陸月輪殿兼実法名円照之教命所令撰集也。真宗簡要、念仏奥義、摂在于斯、見者易諭。誠是希有最勝之華文、无上甚深之宝典也。渉年渉日、蒙其教誨之人雖千万、云親云疎、獲此見写之徒甚以難。爾既書写製作、図画真影。是専念正業之徳也、是決定往生之徴徴字チ反アラハス也。仍抑悲喜之涙註由来之縁。

『選択本願念仏集《せんじゃくほんがんねんぶつしゅう》』は、禅定博陸《ぜんじょうはくりく》月輪殿兼実《つきのわどのかねざね》、法名円照《ほうみょうえんしょう》の教命《こうめい》によりて撰集《せんじゅう》せしむるところなり。真宗《しんしゅう》の簡要《かんよう》、念仏《ねんぶつ》の奥義《おうぎ》、これに摂在《しょうざい》せり。見《み》るもの諭《さと》り易《やす》し。まことにこれ希有最勝《けうさいしょう》の華文《かもん》、無上甚深《むじょうじんじん》の宝典《ほうでん》なり。年《とし》を渉《わた》り日《ひ》を渉《わた》りて、その教誨《きょうけ》を蒙《かぶ》るの人《ひと》、千万《せんまん》なりといへども、親《しん》といひ疎《そ》といひ、この見写《けんしゃ》を獲《う》るの徒《ともがら》、はなはだもつて難《かた》し。しかるにすでに製作《せいさく》を書写《しょしゃ》し、真影《しんねい》を図画《ずが》せり。これ専念正業《せんねんしょうごう》の徳《とく》なり、これ決定往生《けつじょうおうじょう》の徴《しるし》なり。よりて悲喜《ひき》の涙《なみだ》を抑《おさ》へて由来《ゆらい》の縁《えん》を註《しる》す。

私を変える親鸞聖人のことば

「後序《ごじょ》」の中、法然聖人の著『選択集《せんじゃくしゅう》』について述べられている箇所です。

『選択集』は、一一九八（建久《けんきゅう》九）年、法然聖人六十六歳の時に、当時、関白であった九条兼実《くじょうかねざね》（一一四九―一二〇七）の要請を受けて製作されました。称名念仏《しょうみょうねんぶつ》こそが浄土に往生するための行であることを主張し、「浄土宗」の独立（立教開宗）を宣言されたともいうべき書です。『選択集』「二門章」では、仏教を聖道門《しょうどうもん》と浄土門《じょうどもん》に分類して浄土門に依るべきことを明かした道綽禅師《どうしゃくぜんじ》の「聖浄二門《しょうじょうにもん》判」という教《きょう》判《はん》（教えの内容を判定し体系づけること）にもとづき、宗の名前を諸師の用例により「浄土宗」と定め、その教えが依拠する経論（所依の経論）として「三経一論《さんぎょういちろん》」（「浄土三部経」と天親菩薩《てんじんぼさつ》『浄土論』）を選定し、さらにその教えがどのような方々によって伝えられてきたのか（師資相承《ししそうじょう》）を、曇鸞大師《どんらんだいし》や道綽禅師《どうしゃくぜんじ》、善導大師《ぜんどうだいし》らの名を挙げて明らかにされています。

『選択集』の終わりには「三選《さんせん》の文《もん》」と呼ばれるご文があります。そこでは、速やかに迷いの世界を離れようとするものは、聖道門と浄土門の中から「浄土門」を選びとり、正行《しょうぎょう》と雑行《ぞうぎょう》の中から「正行」を選びとり、正業《しょうごう》（正定業《しょうじょうごう》）と助業《じょごう》の中から、「正定業」である称名《しょうみょう》を選びとるべきことが示されています。

〈三選の文〉

仏教 ―― 聖道門 ―― 「閣」（さしおく）

浄土門
- 雑行 ──「抛」（なげうつ）
- 正行
  - 助業（読誦・観察・礼拝・讃嘆供養）──「傍」（かたわら）
  - 正定業（称名）──「専」（もっぱら）

（参考：勧学寮編『浄土三部経と七祖の教え』本願寺出版社、二〇〇八年）

そして、「名《みな》を称《しょう》すれば、かならず生《しょう》ずることを得《う》。仏《ぶつ》の本願《ほんがん》によるがゆゑなり」（『註釈版七祖篇』一二八五頁）と、正定業である称名は阿弥陀仏の本願に誓われている行であるから、称名すればかならず阿弥陀仏の浄土に往生することができるといわれています。つまり、称名はあらゆるものを救おうと願われた阿弥陀仏が選び取られた行であるから、称名すれば誰もが必ず浄土に往生することができるのです。法然聖人はこのことを『選択集』「本願章」において、「勝劣《しょうれつ》の義」「難易《なんい》の義」によって説き示されています。

このように、称名こそが誰もが往生できる行であることを説く『選択集』ですが、法然聖人ご自身は、本書の最末尾に、「庶幾《こいねが》はくは一たび高覧《こうらん》を経《へ》て後《のち》に、壁《かべ》の底《そこ》に埋《うず》みて、窓《まど》の前《まえ》に遺《のこ》すことなかれ（一度読み終えたなら、壁の底に埋めて外に出すことはあってはならない）」（『註釈版七祖篇』一二九二頁）と注意書きを添えられています。実際、数百名ともいわれる法然聖人の弟子たちの中でも限られたもののみにしか書写を許されませんでしたが、その書写を許されたうちの一人が親鸞聖人です。

なお、親鸞聖人は晩年、『選択集延書《せんじゃくしゅうのべがき》』（『聖典全』第三巻所収）を書写されており、生涯にわたって、師である法然聖人の教えを大切にされたことがうかがえます。

出あいは、人とだけでなく、書物との出あい、雄大な景色との出あい、美しい旋律との出あいなど、さまざまにあります。

たった一つの言葉が救ってくれることも、足もとに咲く小さな花に感動することが、明日への力になることもあります。出あいはひとつではありません。さまざまな出あいは、人生を生き抜く力となり、これからもきっとそうなっていくでしょう。

（参考）本文：縮刷本九二一、解説：解説論集五七三

後序❹

本当のよろこびは、言葉になり、誰かに届く。

令和訳

まことによろこばしいことである。心を本願《ほんがん》の大地にうちたて、思いを不可思議の大海に流す。如来の慈悲のお心を深く知り、師の厚いご恩を仰ぐ。慶びの思いはいよいよ増し、敬いの思いはますます深まっていく。それゆえ、いまここに真実の教えをあらわす文を抜き出し、阿弥陀仏の浄土に往生する教えのかなめとなる文を集めたのである。ただ仏の恩の深いことを思い、世の人に嘲《あざけ》られようとも恥とはしない。

もし本書を読むものは、信じるならばそれが因となり、逆に疑いを抱いて謗《そし》ってもそれが縁となり、阿弥陀仏の本願のはたらきによって真実の信心を得て、浄土においてすぐれたさとりを得るであろう。

本文　聖典全二五五・註釈版四七三

慶哉、樹心弘誓仏地、流念難思法海。深知如来矜哀、良仰師教恩厚。慶喜弥至、至孝弥重。因茲、鈔真宗詮、摭浄土要。唯念仏恩深、不恥人倫嘲。若見聞斯書者、信順為因、疑謗為縁、信楽彰於願力、妙果顕於安養矣。

慶《よろこ》ばしいかな、心《こころ》を弘誓《ぐぜい》の仏地《ぶつじ》に樹《た》て、念《おもい》を難思《なんじ》の法海《ほうかい》に流《なが》す。深《ふか》く如来《にょらい》の矜哀《こうあい》を知《し》りて、まことに師教《しきょう》の恩厚《おんこう》を仰《あお》ぐ。慶喜《きょうき》いよいよ至《いた》り、至孝《しこう》いよいよ重《おも》し。これによりて、真宗《しんしゅう》の詮《せん》を鈔《しょう》し、浄土《じょうど》の要《よう》を摭《ひろ》ふ。ただ仏恩《ぶっとん》の深《ふか》きことを念《おも》うて、人倫《じんりん》の嘲《あざけ》りを恥《は》ぢず。もしこの書《しょ》を見聞《けんもん》せんもの、信順《しんじゅん》を因《いん》とし、疑謗《ぎほう》を縁《えん》として、信《しん》楽《ぎょう》を願力《がんりき》に彰《あらわ》し、妙果《みょうか》を安養《あんにょう》に顕《あらわ》さんと。

私を変える親鸞聖人のことば

「後序《ごじょ》」の中、親鸞聖人ご自身が『教行信証』を著す思いを述べられている箇所です。

親鸞聖人には多くの著作がありますが、『教行信証』撰述の理由については、著作全体に通じる理由（通由《つうゆ》）と『教行信証』のみの撰述の理由（別由《べつゆ》）があるといわれています。

通由とは、阿弥陀仏の広大な仏恩を報謝する（知恩報徳《ちおんほうとく》）ためです。例えば、『浄《じょう》土和讃《どわさん》』には、

仏慧功徳《ぶってくどく》をほめしめて　十方《じっぽう》の有縁《うえん》にきかしめん

信心《しんじん》すでにえんひとは　つねに仏恩報《ぶっとんほう》ずべし

（『註釈版』五六五頁）

（阿弥陀仏の智慧と功徳をほめたたえ、すべての世界の縁あるものに聞かせよう。すでに真実の信心を得ている人は、常に仏のご恩に報いるがよい。〈『三帖和讃（現代語版）』三一頁〉）

とあります。撰述は、仏の徳をほめたたえる（仏徳讃嘆《ぶっとくさんだん》）と同時に、人びとに教えを伝えることになります。『教行信証』では、「総序《そうじょ》」（→一〇三頁）や「化身土文類《けしんどもんるい》」三願転入《さんがんてんにゅう》（→一二六頁）などにその意がうかがえます。

別由とは、法然聖人より承《う》けられた本願の教えを説き示すためです。「後序」において、法然聖人より『選択集』の書写と真影《しんねい》の図画を許された喜びを述べられたのに続いて、ここでは、阿弥陀仏の慈悲のお心を知り、師の厚いご恩を仰ぐ中で、数多くの経論より、「真実の教えをあらわす文を抜き出し、阿弥陀仏の浄土に往生する教えのかなめとなる文を集め」て『教行信証』が撰述されたといわれています。『教行信証』では、「教文類《きょうもんるい》」真宗大綱《しんしゅうたいこう》（→五二頁）などからうかがえるように、本願の教え（浄土真宗）が、教・行・信・証の往相《おうそう》と還相《げんそう》の二相四法《にそうしほう》によって説き示されています。

私たちは、自分がどう思われるか、どう思われたいかを気にして、あるいは、他人の評価に一喜一憂し、その場しのぎの言葉を発してしまうことがあります。しかし、その言葉は、本当にあなたが心から伝えたい言葉なのでしょうか。大切なことは、その思いをはっきりとあなたの言葉で伝えることです。

（参考）本文：縮刷本九二二、解説：解説論集五七五

二、浄土真宗

自分のことだけではない、他人《ひと》とともに生きる。

令和訳

つつしんで、浄土真宗について考えてみると、二種の回向《えこう》がある。一つは、わたしたちが浄土に往生してさとりを開くという往相《おうそう》が回向され、もう一つは、浄土に往生した後ふたたび迷いの世界に還《かえ》り来てあらゆる人びとを救うという還相《げんそう》が回向されるということである。その往相の回向に、真実の教《きょう》と行《ぎょう》と信《しん》と証《しょう》がある。

本文 聖典全九・註釈版一三五

謹按浄土真宗有二種廻向。一者往相、二者還相。就往相廻向有真実教行信証。

つつしんで浄土真宗《じょうどしんしゅう》を案《あん》ずるに、二種《にしゅ》の回向《えこう》あり。一《ひと》つには往相《おうそう》、二《ふた》つには還相《げんそう》なり。往相《おうそう》の回向《えこう》について真実《しんじつ》の教行信証《きょうぎょうしんしょう》あり。

私を変える親鸞聖人のことば

第一巻「教文類《きょうもんるい》」冒頭において、「浄土真宗とは何か」を端的に示されている箇所です。

ここでの「浄土真宗」とは、本御自釈の直前に、「大無量寿経 真実の教 浄土真宗」（『教文類』標挙《ひょうこ》・『註釈版』一三四頁）と掲げられているように、真実の教である『仏説無量寿経』に説かれた教えのことです。その浄土真宗という教えが、「往相」と「還相」という二つの回向と、「教・行・信・証」という四法《しほう》の体系であらわされています。「往相」とは、往生浄土《おうじょうじょうど》の相状《そうじょう》という意味で、阿弥陀仏の浄土に往生してさとりを開くすがたのこと、「還相」とは、還来穢国《げんらいえこく》の相状という意味で、浄土に往生してさとりを開いた後、ふたたび迷いの世界に還り来てあらゆる人びとを救うすがたのことです。「回向」とは、回は「めぐらすこと」、向は「さしむけること」で、「こちらのものをあちらへと振り向ける」といった意味です。

この「往相」「還相」の二種の回向は、曇鸞大師《どんらんだいし》が天親菩薩《てんじんぼさつ》の『浄土論《じょうどろん》』に説かれた五念門《ごねんもん》（礼拝《らいはい》・讃嘆《さんだん》・作願《さがん》・観察《かんざつ》・回向《えこう》）の中、回向門を解釈する中で説かれています。

『往生論註《おうじょうろんちゅう》』下巻に、

「回向《えこう》」に二種《にしゅ》の相《そう》あり。一には往相《おうそう》、二には還相《げんそう》なり。「往相《おうそう》」とは、おのが功徳《くどく》をもって一切衆生《いっさいしゅじょう》に回施《えせ》して、ともにかの阿弥陀如来《あみだにょらい》の安楽浄土《あんらくじょうど》に往生《おうじょう》せんと作願《さがん》するなり。「還相《げんそう》」とは、かの土《ど》に生《しょう》じをはりて、奢摩他《しゃまた》・毘婆舎那《びばしゃな》を得《え》、方便力成就《ほうべんりきじょうじゅ》すれば、生死《しょうじ》の稠林《ちゅうりん》に回入《えにゅう》して一切衆生《いっさいしゅじょう》を教化《きょうけ》して、ともに仏道《ぶつどう》に向《む》かふなり。もしは往《おう》、もしは還《げん》、みな衆生《しゅじょう》を抜《ぬ》きて生死海《しょうじかい》を渡《ど》せんがためなり。（『註釈版七祖篇』一〇七～一〇八頁）

といわれています。この時、往相回向とは、阿弥陀仏の浄土に生まれたいと願う行者が自らの積んだ功徳を他の人びとに施すこと、還相回向とは、その行者が浄土に往生した後に迷いの世界に還り他の人びとを教え導くことですから、ともに回向の主体は行者です。しかしながら、曇鸞大師は『往生論註』の終わりにおいて「覈求其本《かくぐごほん》釈《じゃく》」（『註釈版七祖篇』一五五頁）といわれる釈を設け、あらゆるものが浄土に往生することも、往生した後の行いも阿弥陀仏の本願力によることを明らかにされました（→他力釈・一三四頁）。

これを承《う》け親鸞聖人は、回向の主体を行者ではなく、阿弥陀仏とされ、阿弥陀仏の浄土に往生してさとりを開くこと（往相）も、さとりを開いた後に人びとを教え導くこと（還相）も、すべて阿弥陀仏のはたらきによるとされました。そのため、『教行信証』を「広文類《こうもんるい》」というのに対して「略文類《りゃくもんるい》」「略典《りゃくでん》」ともいわれる『浄土文類《じょうどもんるい》

聚鈔《じゅしょう》』においては、

しかるに本願力《ほんがんりき》の回向《えこう》に二種《にしゅ》の相《そう》あり。一《ひと》つには往相《おうそう》、二《ふた》つには還相《げんそう》なり。

（『註釈版』四七八頁）

（ところで、本願のはたらきとしての回向に二種の相がある。一つには、わたしたちが浄土に往生し成仏するという往相であり、二つには、迷いの世界に還って人々を救うという還相である。〈『浄土文類聚鈔（現代語版）』五頁〉）

といわれています。また、『一念多念文意《いちねんたねんもんい》』には、

「回向《えこう》」は本願《ほんがん》の名号《みょうごう》をもつて十方《じっぽう》の衆生《しゅじょう》にあたへたまふ御《み》のりなり。

（『註釈版』六七八頁）

（「回向」とは、真実の徳をそなえた本願の名号を、あらゆる世界の命あるものにお与えになるというお言葉である。〈『一念多念文意（現代語版）』六頁〉）

といわれています。本願力とは、あらゆるものを救おうと誓われた本願の通りに完成されたはたらきのことですから、本願力回向とは、「阿弥陀仏」が、「あらゆるもの」（十方の衆生）に、「南無阿弥陀仏《なもあみだぶつ》」の名号を施し与えられることをいいます。

なお、親鸞聖人の著作には、「浄土真宗」「真宗」という言葉が使われている箇所が

いくつかあります。例えば、

・念仏成仏《ねんぶつじょうぶつ》これ真宗《しんしゅう》（『行文類』両重因縁中の『五会法事讃』・『註釈版』一八七頁）

・真宗《しんしゅう》の教証《きょうしょう》、片州《へんしゅう》に興《おこ》す（『正信念仏偈』・『註釈版』二〇七頁）

・智慧光《ちえこう》のちからより　本師源空《ほんしげんくう》あらはれて
　浄土真宗《じょうどしんしゅう》をひらきつつ　選択本願《せんじゃくほんがん》のべたまふ
（『高僧和讃』・『註釈版』五九五頁）

・浄土宗《じょうどしゅう》のなかに真《しん》あり、仮《け》あり。真《しん》といふは選択本願《せんじゃくほんがん》なり、仮《け》といふは定《じょう》散二善《さんにぜん》なり。選択本願《せんじゃくほんがん》は浄土真宗《じょうどしんしゅう》なり、定散二善《じょうさんにぜん》は方便仮門《ほうべんけもん》なり。浄土真宗《じょうどしんしゅう》は大乗《だいじょう》のなかの至極《しごく》なり。（『親鸞聖人御消息』第一通・『註釈版』七三七頁）

などです。

私たちは、日々、自ら考え、行動しながら生きています。そうした中で、私一人で生きていることに、辛さ苦しさを感じることがあるかもしれません。

しかし、私たちは一人で生きているのではありません。

「生きている」ではなく、「生かされている」。当たり前だと思っている見方を変えてみることも必要でしょう。また、「自分だけが」という視点から、「多くの人びとと共に」という視点も忘れたくないものです。

（参考）本文：縮刷本一三、解説：解説論集八一

還相回向釈(証文類)

自分と同じように悩み苦しんでいる人は、まだまだいる。

令和訳

二つに、還相の回向というのは、阿弥陀仏のはたらきによって、浄土に往生した後ふたたび迷いの世界に還《かえ》り来《き》て、思いのままに人びとを教え導くという地位につくことである。

本文

聖典全一―三七・註釈版三一三

二言還相回向者、則是利他教化地益也。

二《ふた》つに還相《げんそう》の回向《えこう》といふは、すなはちこれ利他《りた》教化《きょうけ》地《じ》の益《やく》なり。

私を変える親鸞聖人のことば

第四巻「証文類《しょうもんるい》」において、「真実の証」が明らかにされ、親鸞聖人は「教・行・信・証」すべてが阿弥陀仏のはたらきによることを示されました。それに続いて、還相の回向について明らかにされたご文です。第一巻「教文類《きょうもんるい》」冒頭の真宗大綱《しんしゅうたいこう》（↓五二頁）において「一つには往相、二つには還相なり」とあるのを受け、「還相の回向」を明らかにされるため「二つに」という言葉で始められています。

「還相」とは還来穢国《げんらいえこく》の相状《そうじょう》という意味で、阿弥陀仏の浄土に往生してさとりを開いたものが、ふたたび迷いの世界に還《かえ》り来てあらゆる人びとを教え導くということで、ここでは、「教化地《きょうけじ》の益《やく》（自由自在に人びとを教化する位）」と示されています。

親鸞聖人は、御自釈に「すなはちこれ必至補処《ひっしふしょ》の願《がん》（第二十二願）より出《い》でたり」（『註釈版』三一三頁）と述べられ、このはたらきは『仏説無量寿経《ぶっせつむりょうじゅきょう》』第二十二願にもとづくと示されました。続けて親鸞聖人は、「『註論《ちゅうろん》』に顕《あらわ》れたり」（『註釈版』三一三頁）として、曇鸞大師《どんらんだいし》の『往生論註《おうじょうろんちゅう》』引用をもって還相を明らかにされています。『往生論註』に引用される第二十二願文を、親鸞聖人は「常倫《じょうりん》に超出《ちょうしゅつ》し、諸地《しょじ》の行《ぎょう》現前《げんぜん》し、普賢《ふげん》の徳《とく》を修習《しゅじゅう》せん」（『註釈版』三一六頁）と訓読され、通常に超えすぐれて菩薩《ぼさつ》の徳をすべてそなえ、大いなる慈悲の行を実践していくと理解されています。

還相が「真実の証」を明らかにする「証文類」の中にあるのは、還相が「真実の証」の必然的な展開としてあるからです。『正像末和讃《しょうぞうまつわさん》』には、

南無阿弥陀仏《なもあみだぶつ》の回向《えこう》の　恩徳広大不思議《おんどくこうだいふしぎ》にて
往相回向《おうそうえこう》の利益《りやく》には　還相回向《げんそうえこう》に回入《えにゅう》せり　（『註釈版』六〇九頁）

（南無阿弥陀仏の名号を回向していただいた恩徳は、あまりにも広大で思いはかることができない。その回向により、浄土に往生してさとりを開くことの利益として、迷いの世界に還ってすべてのものを救うのである。〈『三帖和讃（現代語版）』一五九頁〉）

と、「往相回向」の利益として「還相回向」に入っていくとたたえられています。

なお、「正信念仏偈《しょうしんねんぶつげ》」には、

遊煩悩林現神通　入生死園示応化

煩悩《ぼんのう》の林《はやし》に遊《あそ》んで神通《じんずう》を現《げん》じ、生死《しょうじ》の園《その》に入《い》りて応化《おうげ》を示《しめ》す

（『註釈版』二〇五頁）

（迷いの世界に還り、神通力をあらわして自在に衆生を救うことができる。〈『顕浄土真実教行証文類（現代語版）』一四八頁〉）

と、迷いの世界に還って、自在に人びとを救うはたらきにでるといわれています。

また、『浄土和讃《じょうどわさん》』には、

安楽無量《あんらくむりょう》の大菩薩《だいぼさつ》　一生補処《いっしょうふしょ》にいたるなり

普賢《ふげん》の徳《とく》に帰《き》してこそ　穢国《えこく》にかならず化《け》するなれ

（『註釈版』五五九頁）

（阿弥陀仏の浄土の数限りない菩薩がたは、みな一生補処の位に至っている。これらの菩薩

は大いなる慈しみのはたらきをそなえており、必ず迷いの世界に還り来てあらゆるものを教え導くのである〈『三帖和讃（現代語版）』一四頁〉

とたたえられ、「普賢の徳」には「われら衆生、極楽にまゐりなば、大慈大悲をおこして十方に至りて衆生を利益するなり。仏の至極の慈悲を普賢とまうすなり」（異本左訓・『註釈版』五五九頁脚註）と左訓《さくん》（本文の左傍に文言の意味や読みを示した書き入れ）が施されています。

自分だけが満ち足りている。これが本当の理想なのでしょうか。
自分と同じ悩みや苦しみを抱えている人、助けを求めている人はいないでしょうか。
今一度、他人とのつながりを見直すことは、人と人とのつながりが希薄化しつつある現代であるからこそ、大切ではないでしょうか。

（参考）本文：縮刷本四八七、解説：解説論集三八一これ以外、何も無い。
私の道は、
すでに私の前にある。

令和訳

真実の行も真実の信も、阿弥陀仏の清らかな願いによって与えられたものである。この真実の行信が阿弥陀仏の浄土に往生してさとりを開く因であって、それ以外の因があるのではないと、知るべきである。

本文　聖典全七九・註釈版二三九

爾者、若行若信、无有一事非阿弥陀如来清浄願心之所回向成就。非无因他因有也、可知。

しかれば、もしは行《ぎょう》、もしは信《しん》、一事《いちじ》として阿弥陀如来《あみだにょらい》の清浄願心《しょうじょうがんしん》の回向成就《えこうじょうじゅ》したまふところにあらざることあることなし。因《いん》なくして他《た》の因《いん》のあるにはあらざるなりと、知《し》るべし。

私を変える親鸞聖人のことば

「行文類《ぎょうもんるい》」大行釈（↓一四二頁）に「往相《おうそう》の回向《えこう》を案《あん》ずるに、大行《だいぎょう》あり、大信《だいしん》あり」

（『註釈版』一四一頁）とあるのを受けて、「往相《おうそう》の回向《えこう》を案《あん》ずるに、大信《だいしん》あり」（『註釈版』二一一頁）と始まる第三巻「信文類《しんもんるい》」の大信釈結びの御自釈です。

阿弥陀仏はさとりを開く前、法蔵菩薩《ほうぞうぼさつ》であった時、あらゆるものを救おうと清らかな心から願いをたて、長い修行の末にその願いを完成して仏と成られました。そして、その願いの通りにあらゆるものを救おうと「南無阿弥陀仏」の名号となってはたらかれています。

「もしは行、もしは信」とあるように、阿弥陀仏の浄土に往生しさとりを開く因である行も信も、ともに阿弥陀仏のはたらきによって与えられたものに他なりません。これを「無因」（因なくして）といい、そのほかに、浄土に往生してさとりを開く因が存在しないことから、「他の因のあるにはあらざるなり」といわれています。

なお、第四巻「証文類」の真実証釈の終わりに記された四法結釈《しほうけっしゃく》では、本御自釈と同じ構文を用いて、

それ真宗《しんしゅう》の教行信証《きょうぎょうしんしょう》を案《あん》ずれば、如来《にょらい》の大悲回向《だいひえこう》の利益《りやく》なり。ゆゑに、もしは因《いん》、もしは果《か》、一事《いちじ》として阿弥陀如来《あみだにょらい》の清浄願心《しょうじょうがんしん》の回向成就《えこうじょうじゅ》したまへるところにあらざることあることなし。因浄《いんじょう》なるがゆゑに、果《か》また浄《じょう》なり、知《し》るべ

しとなり。

（『註釈版』三一二頁）

（浄土真宗における教・行・信・証を考えてみると、すべて阿弥陀仏の大いなる慈悲のはたらきによって恵まれた利益である。だから、阿弥陀仏の浄土に往生してさとりを開く因も果も、すべて阿弥陀仏のはたらきが成就したものにほかならない。因が清らかであるからこそ、浄土へ往生しさとりを開くという果もまた清らかであると、知るべきである。）

と示されています。往相回向の四法は、すべて阿弥陀仏の清らかな願いによって回向されたものであって、教・行・信・証の因果すべてが、阿弥陀仏の大いなる慈悲のはたらきによるのであると示されています。

結果には、必ず原因があります。しかし、一つの結果に対する原因は一つではなく、無数の原因と条件が関わりあっています。これを仏教では「縁起」といいます。

たくさんの原因や条件があるからこそ、何から考えればいいのか、何から対応していけばいいのかと悩むことがあります。そうした時こそ「これしかありえない」という原因を見いだしていくことも必要でしょう。

（参考）本文：縮刷本二六六、解説：解説論集二六七

往還結釈（証文類）

ともに生き、支え合う。
それがあなたと私の
目指す世界。

令和訳

釈尊の真実の言葉によって、知ることができた。

この上ないさとりを開くこと（往相《おうそう》）は、あらゆるものを救おうという阿弥陀仏の本願のはたらきによるものである。思いのままに人びとを教え導くこと（還相《げんそう》）は、阿弥陀仏の本願の本意をあらわしている。

こういうわけであるから、天親菩薩《てんじんぼさつ》は、何ものにもさまたげられない広大な功徳をそなえた一心（信心）をあらわされ、この世にあってあらゆる煩悩《ぼんのう》に汚《けが》されている人びとを教えお導きになられた。曇鸞大師《どんらんだいし》は、往相も還相も阿弥陀仏の大いなる慈悲のはたらきによることをあらわして、他利《たり》と利他《りた》の違いを通して他力の深い教えを詳しく説き広められた。

仰いで承《うけたまわ》り、つつしんでいただくべきである。

本文　聖典全一五一・註釈版三三五

爾者、大聖真言、誠知、証大涅槃籍願力回向。還相利益顕利他正意。是以論主宣布広大无㝵一心、普徧開化雑染堪忍群萌。宗師顕示大悲往還回向、慇懃弘宣他利利他深義。仰可奉持、特可頂戴矣。

しかれば、大聖《だいしょう》の真言《しんごん》、まことに知《し》んぬ、大涅槃《だいねはん》を証《しょう》することは願力《がんりき》の回向《えこう》によりてなり。還相《げんそう》の利益《りやく》は利他《りた》の正意《しょうい》を顕《あらわ》すなり。ここをもつて論主《ろんじゅ》（天親）は広大無《こうだいむ》礙《げ》の一心《いっしん》を宣布《せんぷ》して、あまねく雑染堪忍《ぞうぜんかんにん》の群萠《ぐんもう》を開化《かいけ》す。宗師《しゅうし》（曇鸞）は大悲往還《だいひおうげん》の回向《えこう》を顕示《けんじ》して、ねんごろに他利利他《たりりた》の深義《じんぎ》を弘宣《ぐせん》したまへり。仰《あお》いで奉持《ぶじ》すべし、ことに頂戴《ちょうだい》すべしと。

私を変える親鸞聖人のことば

本御自釈は、第四巻「証文類《しょうもんるい》」の最後の文です。阿弥陀仏の浄土に往生してさとりを開く（大涅槃《だいねはん》を証する）ことは本願のはたらきによること、また、さとりを開いた後に人びとを教え導く（還相の利益）ことは阿弥陀仏の本願の本意であると述べ、「教文類」真宗大綱《しんしゅうたいこう》（→五二頁）以来説き示されてきた「往相の回向」「還相の回向」を結ばれています。なお、涅槃については真実証釈《しんじつしょうしゃく》（→八一頁）に、還相については還相回向釈（→五九頁）にそれぞれ示されています。

続いて、七高僧《しちこうそう》の天親菩薩《てんじんぼさつ》（論主）は「一心《いっしん》」を宣布されたことで、あらゆるものに救いの道を開かれ、曇鸞大師《どんらんだいし》（宗師）は「往還回向」を顕示して、「他利利他の深義」を明らかにされたと、それぞれの功績を述べられています。

天親菩薩は、阿弥陀仏とその浄土に関する論書である『無量寿経優婆提舎願生偈《むりょうじゅきょううばだいしゃがんしょうげ》（浄土論）』を著して、浄土の荘厳《しょうごん》（三厳二十九種《さんごんにじゅうくしゅ》）とその浄土に往生するための行（五念門）などを体系的に説かれました。『浄土論』偈頌の冒頭（帰敬偈《ききょうげ》）には「世尊《せそん》、われ一心《しん》に尽十方無礙光如来《じんじっぽうむげこうにょらい》に帰命《きみょう》したてまつりて、安楽国《あんらくこく》に生《しょう》ぜんと願《がん》ず」（『註釈版七祖篇』二九頁）と述べ、「一心」と「願生」が示されています。親鸞聖人は「正信念仏偈」で、

広由本願力回向　為度群生彰一心
広《ひろ》く本願力《ほんがんりき》の回向《えこう》によりて、群生《ぐんじょう》を度《ど》せんがために一心《いっしん》を彰《あらわ》す。
（『註釈版』二〇五頁）

（本願力の回向によってすべてのものを救うために、一心すなわち他力の信心の徳を明らかにされた。〈『顕浄土真実教行証文類（現代語版）』一七四頁〉）

と、一心（信心）の徳を明らかにされた釈功《しゃっこう》をたたえられています。

曇鸞大師は、天親菩薩の『浄土論』を註釈し、『無量寿経優婆提舎願生偈註《むりょうじゅきょううばだいしゃがんしょうげちゅう》（往生論註）』を著されました。『高僧和讃《こうそうわさん》』には、

天親菩薩《てんじんぼさつ》のみことをも　鸞師《らんし》ときのべたまはずは
他力広大威徳《たりきこうだいいとく》の　心行《しんぎょう》いかでかさとらまし

（『註釈版』五八三頁）

（天親菩薩の『浄土論』の教えを、曇鸞大師が『往生論註』に詳しく示してくださらなかったなら、広大ですぐれた功徳をそなえた他力の信心と念仏を、どうして知ることができたであろう。〈『三帖和讃（現代語版）』八七頁〉）

とあり、曇鸞大師が『浄土論』を註釈したことで、『浄土論』に説き示された教えを知ることができたと、たたえられています。

「他利利他の深義」は、『往生論註』において、次のように説かれる文です。

他利《たり》と利他《りた》と、談《だん》ずるに左右《さう》あり。もし仏《ぶつ》よりしていはば、よろしく利他《りた》といふべし。衆生《しゅじょう》よりしていはば、よろしく他利《たり》といふべし。いままさに仏力《ぶつりき》を談《だん》ぜんとす、このゆゑに利他《りた》をもつてこれをいふ。

（『行文類』引用・『註釈版』一九二頁）

（他利と利他とについては、何を語ろうとするかによって違いがある。仏の方からいうな

ら、他すなわち衆生を利益するのであるから、利他というのがよい。衆生の方からいうなら、他すなわち仏が利益するのであるから、他利というのがよい。いまは仏のはたらきを語ろうとするのであるから利他というのである。〈『顕浄土真実教行証文類（現代語版）』二一九頁〉）

阿弥陀仏の救いについて、仏の側からいえば利他（他〈衆生〉を利する）といい、衆生（生きとし生けるもの）の側からいえば他利（他〈仏〉が利する）ということができるが、いまは、仏のはたらきを語るのであるから、「利他」であるといわれています。

私たちはつい、自分一人で生きていると思ってしまいます。時に、一人で生きていくことが素晴らしいことだとさえ考えてしまいます。

しかし、衣・食・住といった当たり前の生活でさえも、誰かの支えがなければ、成り立ちません。

私たちは誰かに、何かに支えられて生きている。だとしたら、私もきっと、誰かの、何かの支えとなることができるはずです。

（参考）本文：縮刷本五四三、解説：解説論集四〇八

「今ここ」が
わかっているから、
「これから」の一歩を
踏み出すことができる。

令和訳

つつしんで、真実の証を顕せば、それは阿弥陀仏のはたらきによって与えられる功徳に満ちた仏の位であり、煩悩《ぼんのう》から完全に解放されたこの上ないさとりという果である。～〈中略〉～煩悩から離れることができず、迷いの罪に汚《けが》れたものが、阿弥陀仏のはたらきによって、信と行を得ると、たちどころに、阿弥陀仏の浄土に往生して必ずさとりを開いて仏に成ることが定まるという大乗の正定聚《しょうじょうじゅ》の位に入る。だから、必ずさとりに至るのである。

本文 聖典全一三三二・註釈版三〇七

謹顕真実証者、則是利他円満之妙位、无上涅槃之極果也。～〈中略〉～然煩悩成就凡夫、生死罪濁群萌、獲往相回向心行、即時入大乗正定聚之数。住正定聚故必至滅度。

つつしんで真実《しんじつ》の証《しょう》を顕《あらわ》さば、すなはちこれ利他円満《りたえんまん》の妙位《みょうい》、無上涅槃《むじょうねはん》の極果《ごくか》なり。～〈中略〉～しかるに煩悩成就《ぼんのうじょうじゅ》の凡夫《ぼんぶ》、生死罪濁《しょうじざいじょく》の群萌《ぐんもう》、往相回向《おうそうえこう》の心行《しんぎょう》を獲《う》れば、即《そく》の時《とき》に大乗《だいじょう》正定聚《しょうじょうじゅ》の数《かず》に入《い》るなり。正定聚《しょうじょうじゅ》に住《じゅう》するがゆゑに、かならず滅度《めつど》に至《いた》る。

私を変える親鸞聖人のことば

本御自釈は、真実の行信が因となって得られる「真実の証」について明かす第四巻「証文類《しょうもんるい》」冒頭にあるご文です。

親鸞聖人は最初に、「真実の証」を「利他円満の妙位（阿弥陀仏のはたらきによって得られる仏の位）」、「無上涅槃の極果（この上ない仏のさとりの果）」といわれ、究極の仏果《ぶっか》であることを示されています。

続いて、この仏果もまた行と信と同じく阿弥陀仏のはたらきによることを「すなはちこれ必至滅度《ひっしめつど》の願《がん》（第十一願）より出《い》でたり」（『註釈版』三〇七頁）と述べられています。

『仏説無量寿経《ぶっせつむりょうじゅきょう》』第十一願は、次の通りです。

設我得仏　国中人天　不住定聚　必至滅度者　不取正覚

たとひわれ仏《ぶつ》を得《え》たらんに、国《くに》のうちの人天《にんでん》、定聚《じょうじゅ》に住《じゅう》し、かならず滅度《めつど》に

至《いた》らずは、正覚《しょうがく》を取《と》らじ　（「証文類」引用・『註釈版』三〇七～三〇八頁）

（わたしが仏になったとき、わたしの国の人々が正定聚の位にあり、必ずさとりに至ることができないようなら、わたしは決してさとりを開くまい。〈『顕浄土真実教行証文類（現代語版）』三三二頁〉）

「国のうちの人天」が「定聚に住し、かならず滅度に至らずは」とあるので、阿弥陀仏の浄土に往生したものが、正定聚に入り、必ずさとりを得ることを誓っていると理解できますが、親鸞聖人は「必至滅度の願」といわれ、「真実の証」を誓った願と理解されています。なお、「滅度」とは、「涅槃」（サンスクリット：ニルヴァーナ）の意訳語であり、煩悩が残らず滅した、安らかなさとりの境地を意味しています。

その理由は、「行文類」の行信利益《ぎょうしんりやく》（↓一六七頁）、「信文類」の現生十益《げんしょうじゅうやく》（↓一七九頁）などに示されているように、親鸞聖人は、阿弥陀仏のはたらきによって信心を得るまさにその時、「必ずさとりを開くことが決定した位」である正定聚に入るとされたからです。煩悩をもつ凡夫《ぼんぶ》であっても、阿弥陀仏のはたらきによって信と行を得れば正定聚の位に入るのだから、阿弥陀仏の浄土に往生すれば必ず「さとり（滅度）」を開くことができるのです。このことを「往生即成仏《おうじょうそくじょうぶつ》」といいます。

これからどうしたらいいか。これからどうなるのか。こうした悩みは誰もが持つものです。そうした時にこそ大事なのは、悩みを抱える私自身が今どうなのかを、しっかり見直すことではないでしょうか。

「今ここ」がわかるからこそ、また、「これから」もわかるのです。そして、「今ここ」とは必ず「そのままでいい」「大丈夫」と言ってくれる方がいるところです。

（参考）本文：縮刷本四七一、解説：解説論集三六三

真実証釈❷（証文類）

とらわれから離れ、
苦しみから離れ、
欲望から離れる。
ただ、あるがままの世界。

令和訳

必ずさとりに至るということは、「常楽《じょうらく》」（常楽我常）の徳をそなえることである。

常楽はすなわち「寂滅《じゃくめつ》」（煩悩を滅し尽した境地）に住することである。

寂滅はすなわち「無上涅槃《むじょうねはん》」（この上ない心の安らぎの境地）である。

無上涅槃はすなわち「無為法身《むいほっしん》」（生滅変化を超えた真実そのもの）である。

無為法身はすなわち「実相《じっそう》」（すべてのものの真実のすがた）である。

実相はすなわち「法性《ほっしょう》」（すべてのものの変わることのない本性）である。

法性はすなわち「真如《しんにょ》」（すべてのものの絶対究極のあり方）である。

真如はすなわち「一如《いちにょ》」（相《そう》を超えた絶対の一）である。

そして阿弥陀仏は、この一如よりかたちをあらわして、報身《ほうじん》・応身《おうじん》・化身《けしん》などのさまざまなすがたを示してくださるのである。

本文　聖典全一―三三二・註釈版三〇七

必至滅度即是常楽。常楽即是畢竟寂滅。寂滅即是无上涅槃。无上涅槃即是无為法身。无為法身即是実相。実相即是法性。法性即是真如。真如即是一如。然者、弥陀如来従如来生、示現報・応・化種種身也。

かならず滅度《めつど》に至《いた》るはすなはちこれ常楽《じょうらく》なり。常楽《じょうらく》はすなはちこれ畢竟寂滅《ひっきょうじゃくめつ》なり。寂滅《じゃくめつ》はすなはちこれ無上涅槃《むじょうねはん》なり。無上涅槃《むじょうねはん》はすなはちこれ無為法身《むいほっしん》なり。無為法身《むいほっしん》はすなはちこれ実相《じっそう》なり。実相《じっそう》はすなはちこれ法性《ほっしょう》なり。法性《ほっしょう》はすなはちこれ真如《しんにょ》なり。真如《しんにょ》はすなはちこれ一如《いちにょ》なり。しかれば、弥陀如来《みだにょらい》は如《にょ》より来生《らいしょう》して、報《ほう》・応《おう》・化《け》、種々《しゅじゅ》の身《しん》を示《しめ》し現《げん》じたまふなり。

私を変える親鸞聖人のことば

本御自釈は、第四巻「証文類《しょうもんるい》」冒頭において、「真実の証」が究極の仏果《ぶっか》であることを示されたのに続いて、その「真実の証」の内容を示される箇所です。

「真実の証」である「滅度」の異名として「常楽」「畢竟寂滅」「無上涅槃」「無為法身」「実相」「法性」「真如」「一如」の八句を挙げられ、その後、その「真実の証」から阿弥陀仏が現れ出ているといわれています。つまり、「あらゆるものが阿弥陀仏のはたらきによって得る真実の証」と、「あらゆるものを救おうとはたらかれている阿弥陀仏の根源」とが異ならないということです。この親鸞聖人のお示しによって、次のことが理解できます。

一.「真実の証」とは、阿弥陀仏と異ならないさとり（弥陀同体のさとり）であるということ。

二.あらゆるものを救おうとはたらかれている阿弥陀仏と同じさとりを開くのであるから、阿弥陀仏のはたらきによってさとりを開いたものは阿弥陀仏と同様にあらゆるものを救おうとはたらくということ。

本御自釈によって、阿弥陀仏に救われるという側面と、阿弥陀仏があらゆるものを救うという側面とが関わり合っていることが理解されます。前者を「往生門《おうじょうもん》」、後者を「正覚門《しょうがくもん》」といいます。

「往生門」とは、「教」に説かれた「行」と「信」によって「さとり（証）」を開くという、あらゆるものが救われていく側面です（この場合には、「真仏土文類」で明かされる真仏土は、あらゆるものが往生していく浄土と理解されます）。「正覚門」とは、「弥陀如来は如より来生して、報・応・化、種々の身を示し現じたまふなり」と示されているような、阿弥陀仏が願いを完成して仏になる（正覚）ことで成立する、阿弥陀仏の救いのはたらきの側面です（この場合には、「真仏土文類」で明かされる真仏土は、阿弥陀仏のさとりそのものであり、あらゆるものを救うはたらきが現れ出る根源と理解されます）。

自分の価値観や思い、行動に偏りがあると自ら思うことは少ないでしょう。しかし、立場を変えてみたら、どうでしょうか。これまでの自分のことを振り返ってみたら、どうでしょうか。

私たちは日々の生活の中で、一人でもがき苦しんだり、人間関係の中で辛い思いをしたり、憎しみ合い、傷つけ合うことすらあります。「こうしたい」「こうしてほしい」、あるいは「こう見られたい」「こう見てほしい」という欲をもち、しかもその欲によって自ら悩み苦しんでしまいます。

こうした思いや欲を「とらわれ」といい、そのとらわれを離れた時、あらわれるのが「あるがまま」の世界なのです。

（参考）本文：縮刷本四七二、解説：解説論集三六五・三七四

「この時、この人だけ」ではなく、「いつでも、誰とでも」

令和訳

いま、まことに知ることができた。

自ら修行しこの世でさとりを開くという聖道《しょうどう》の教えは、釈尊在世の時代やその後の正法《しょうぼう》の時代に生きる人のためにあるのであって、像法《ぞうぼう》や末法《まっぽう》、法滅《ほうめつ》といった時代に生きる人びとのための教えではない。すでにこの教えは、時代にも人びとにも合わない。

浄土真宗の教えは、どのような時代であっても、煩悩《ぼんのう》に汚《けが》された人びとを、阿弥陀仏の慈悲の心によって同じように導いてくださる教えなのである。

本文 聖典全二一〇・註釈版四一三

信知、聖道諸教、為在世・正法而全非像末・法滅之時機。已失時乖機也。浄土真宗者、在世・正法、像末・法滅、濁悪群萠、斉悲引也。

まことに知《し》んぬ、聖道《しょうどう》の諸教《しょきょう》は、在世《ざいせ》・正法《しょうぼう》のためにして、まつたく像末《ぞうまつ》・法滅《ほうめつ》の時機《じき》にあらず。すでに時《とき》を失《しっ》し機《き》に乖《そむ》けるなり。浄土真宗《じょうどしんしゅう》は、在世《ざいせ》・正法《しょうぼう》、像《ぞう》末《まつ》・法滅《ほうめつ》、濁悪《じょくあく》の群萌《ぐんもう》、斉《ひと》しく悲引《ひいん》したまふをや。

私を変える親鸞聖人のことば

第六巻「化身土文類《けしんどもんるい》」において、聖道門はさとりを開くことが困難な教えであることを示す聖道釈《しょうどうしゃく》の冒頭にある御自釈です。

親鸞聖人は、「化身土文類」観経隠顕《かんぎょうおんけん》において、

この界《かい》のうちにして入聖得果《にっしょうとくか》するを聖道門《しょうどうもん》と名《な》づく　（『註釈版』三九四頁）

（この世界で聖者となってさとりを得るのを聖道門という。〈『顕浄土真実教行証文類（現代語版）』四八九頁取意〉）

と、「聖道門」をこの世においてさとりを開く教え、それに対して阿弥陀仏の浄土に往生してさとりを開く教えが「浄土門」で、

安養浄刹《あんにょうじょうせつ》にして入聖証果《にっしょうしょうか》するを浄土門《じょうどもん》と名《な》づく　（『註釈版』三九四頁）

（浄土に往生してさとりを開くのを浄土門という。〈『顕浄土真実教行証文類（現代語版）』四九〇頁取意〉）

といわれています。

さとりを開く教えには、「聖道門」「浄土門」の二つがあることを示されたのが、七《しち》高僧《こうそう》の一人である道綽禅師《どうしゃくぜんじ》です。道綽禅師は、『安楽集《あんらくしゅう》』において、聖道門ではさとりを開くことが困難であることを次のように示されています。

聖道《しょうどう》の一種《いっしゅ》は、今《いま》の時証《ときしょう》しがたし。一には大聖《だいしょう》（釈尊）を去《さ》ること遥遠《ようおん》なるによる。二には理《り》は深《ふか》く解《さとり》は微《み》なるによる。〜〈中略〉〜当今《とうこん》は末法《まっぽう》にして、現《げん》にこれ五濁悪世《ごじょくあくせ》なり。ただ浄土《じょうど》の一門《もん》のみありて、通入《つうにゅう》すべき路《みち》なり。

（『註釈版七祖篇』二四一頁）

釈尊が亡くなられてから長い時間が経過していること、聖道門の教えは深い教えであるのにそれを理解する能力が乏しいことを理由にして、聖道門はさとりを開くことが困難であり、ただ浄土門の教えに入ることを勧められました。

本御自釈において、親鸞聖人は、道綽禅師が浄土門を勧める根拠とされた正法・像法・末法という仏教の歴史観（→二一頁）を用いて、聖道門は釈尊在世の時代と、正法の時代にはさとりを開く教えとして機能するが、像法や末法という時代では、その時代の人びとに適した教えとはならない。つまり、限定した時代・人にしか通用しない教えであるといわれています。

それに対し、いかなる時代であっても、いかなる人であっても、誰もが等しくさとりを開く教えが浄土真宗であるといわれています。

日常では、「いつでも、誰とでも」といった限定抜きではなく、「今だけ」「あなただけ」といった限定つきのほうが、魅力的に受け取られやすいように思います。しかし、限定をつけるということには、排除が避けられません。
排除のない世界。それこそが私たちが求めるべき世界であるはずです。

（参考）本文：縮刷本七五八、解説：解説論集五四八

三、阿弥陀仏と釈尊

心配しなくていい、大丈夫。

令和訳

わたしなりに考えをめぐらせてみると、思いはかることのできない阿弥陀仏の本願は、渡りきることのできない迷いの海を渡す大船である。何ものにもさまたげられない阿弥陀仏の光は、煩悩《ぼんのう》の闇を破る智慧の輝きである。

ここに、阿弥陀仏がすべてのものを救うという浄土の教えを説き明かす縁が熟し、提婆達多《だいばだった》は阿闍世《あじゃせ》をそそのかして父である頻婆娑羅王《びんばしゃらおう》を殺害させた。そして、念仏し浄土に往生するものが明らかとなり、釈尊は王妃である韋提希《いだいけ》を導いて阿弥陀仏の浄土への往生を選ばせたのである。

このことは、浄土の菩薩がたが提婆達多や阿闍世や韋提希らという仮のすがたをとって、苦しみ悩むすべての人びとを救おうとされたのであり、阿弥陀仏が、重い罪を犯したもの、仏の教えを謗《そし》るもの、真実の教えを信じずさとりを求める心がないものを救おうとされたことをあらわしている。

そのため、この上ない徳をそなえた阿弥陀仏の名号《みょうごう》は、悪を転じて徳に変える智慧のはたらきであり、他力の信心は、わたしたちの疑いを除いてさとりを得させてくださるまことの道であると知ることができる。

本文　聖典全六・註釈版一三一

竊以、難思弘誓度難度海大船、无㝵光明破无明闇恵日。然則、浄邦縁熟、調達闍世興逆害、浄業機彰、釈迦韋提選安養。斯乃、権化仁、斉救済苦悩群萌、世雄悲、正欲恵逆謗闡提。故知、円融至徳嘉号、転悪成徳正智、難信金剛信楽、除疑獲証真理也。

ひそかにおもんみれば、難思《なんじ》の弘誓《ぐぜい》は難度海《なんどかい》を度《ど》する大船《だいせん》、無碍《むげ》の光明《こうみょう》は無明《むみょう》の闇《あん》を破《は》する恵日《えにち》なり。しかればすなはち、浄邦縁熟《じょうほうえんじゅく》して、調達《じょうだつ》（提婆達多）、闍世《じゃせ》（阿闍世）をして逆害《ぎゃくがい》を興《こう》ぜしむ。浄業機《じょうごうき》彰《あらわ》れて、釈迦《しゃか》、韋提《いだい》をして安養《あんにょう》を選《えら》ばしめたまへり。これすなはち権化《ごんけ》の仁《にん》斉《ひと》しく苦悩《くのう》の群萌《ぐんもう》を救済《くさい》し、世雄《せおう》の悲《ひ》まさしく逆謗闡提《ぎゃくほうせんだい》を恵《めぐ》まんと欲《おぼ》す。ゆゑに知《し》んぬ、円融至徳《えんにゅうしとく》の嘉号《かごう》は悪《あく》を転《てん》じて徳《とく》を成《な》す正智《しょうち》、難信金剛《なんしんこんごう》の信楽《しんぎょう》は疑《うたがい》を除《のぞ》き証《さとり》を獲《え》しむる真理《しんり》なりと。

『教行信証』六巻全体の序文である「総序《そうじょ》」の中、浄土真宗のみ教えをたたえられている箇所です。

阿弥陀仏はさとりを開く前、法蔵菩薩《ほうぞうぼさつ》であった時、あらゆるものを救おうと四十八の願いをたて、長い修行の末にその願いを完成して、限りない光と寿命《いのち》の仏となられました。そして今も、果てしない暗闇に包まれた大海を漂い、煩悩を断つことができない私たちを救おうとはたらかれているのです。

その阿弥陀仏の救いが、釈尊在世当時、マガダ国を舞台に起こった「王舎城《おうしゃじょう》の悲劇《ひげき》」によって明らかになりました。『仏説観無量寿経《ぶっせつかんむりょうじゅきょう》』などに説かれているこの事件の概要は、次の通りです。

ある時、釈尊の従兄弟である提婆達多《だいばだった》（調達）にそそのかされた阿闍世《あじゃせ》王太子は、父の頻婆娑羅王《びんばしゃらおう》を幽閉してしまいます。そのため、頻婆娑羅王は食べ物も飲み物も与えられない状態にあったにもかかわらず、三週間経っても健在でした。実は、王妃であり阿闍世の母にあたる韋提希《いだいけ》が、頻婆娑羅王のもとに密かに食べ物を運んでいたからです。また、頻婆娑羅王のもとには、釈尊の十大弟子にも数えられる目連《もくれん》や富楼那《ふるな》が遣わされ、戒《かい》を授け、仏法を説いてもいました。そのことを知った阿闍世は、韋提希をも殺害しようとします。大臣に強く諫められたことで、これを思いとどまりましたが、ついには韋提希をも幽閉してしまうのでした。

こうした中、悲しみと憂いに憔悴しきった韋提希は、釈尊に弟子を遣わすよう求め、これに応じて、釈尊自らが韋提希のもとに現れたのです。そして、釈尊は、憂いと苦しみのない清らかな世界を求める韋提希に対して、さまざまな仏の浄土を見せました。その上で、韋提希は、阿弥陀仏の浄土に生まれたいと選び、その浄土に往生するための行を説くよう求めます。このとき釈尊は、にっこりと微笑まれました。

こうして、阿弥陀仏はまさしく苦悩する人びとを救うということが「王舎城の悲劇」を縁として説きあらわされたのです。親鸞聖人は、「浄邦の縁」（浄土の教えを説き明かす縁）が熟し、「浄業の機」（念仏して浄土に往生するもの）が明らかとなったと述べられました。その「王舎城の悲劇」に登場する韋提希たちが、あらゆるものを阿弥陀仏の教えに導くために仮にすがたをあらわされたのであると見られ、ここでは「権化の仁」といわれています。

自分と他人を別のものとして傷つけ合い、自己中心的な思いから愛欲と憎悪を重ね、生に迷い死に脅え続けてしまうのが人間です。
そのような私たちをこそ救いたいとされるのが阿弥陀仏であると、親鸞聖人は説き示されました。

（参考）本文：縮刷本七、解説：解説論集四七

あなたを思ってくれる声を、
素直に聞き入れる。
想像を超えたご縁のなかに、
私は今、生きているのだから。

令和訳

このようなわけで、あらゆるものが阿弥陀仏に救われるという本願の教えは、誰もが修めやすいまことの教えであり、愚かなものであっても往生しやすい近道なのである。釈尊が説かれたすべての教えの中で、この本願の教えに及ぶものはない。

さまざまな欲望に汚《けが》されたこの世を離れ、清らかな浄土に往生したいと願いながらも、どのような行を実践すればいいのか迷い、信とは何なのかと惑い、心が閉ざされて知るところが少なく、罪が重くさわりの多いものは、とりわけ釈尊のお勧めを仰ぎ、さとりへの最も勝《すぐ》れた道である本願の教えに帰依し、ただ阿弥陀仏のはたらきである行につかえ、信心を尊ぶがよい。

ああ、阿弥陀仏の願いは、いくたび生を重ねても容易《たやす》く遇えるものではなく、清らかな信心は、どれだけ長い歳月を経ようともなかなか得られるものではない。思いがけなく真実の行と真実の信を得たなら、過去からの因縁に思いをいたし、慶ぶべきである。だが、もしこのたびも疑いの網に覆い隠されてしまうのなら、迷いを繰り返し続けるしかないであろう。

なんとまことであることか。本願の教えは、必ず救い取って捨てないという真実の仰せ、世を超えたぐいまれな正しい教えである。この教えを聞いて、疑いためらってはならない。

本文 聖典全六・註釈版一三二

爾者、凡小易修真教、愚鈍易往捷径。大聖一代教、無如是之徳海。捨穢忻浄、迷行惑信、心昏識寡、悪重障多、特仰如来発遣、必帰最勝直道、専奉斯行、唯崇斯信。噫、弘誓強縁多生叵値、真実浄信億劫叵獲。遇獲行信遠慶宿縁。若也、此廻覆蔽疑網、更復逕歴曠劫。誠哉、摂取不捨真言、超世希有正法、聞思莫遅慮。

しかれば、凡小《ぼんしょう》修《しゅ》し易《やす》き真教《しんきょう》、愚鈍《ぐどん》往《ゆ》き易《やす》き捷径《せっけい》なり。大聖《だいしょう》一代《いちだい》の教《きょう》、この徳《とく》海《かい》にしくなし。穢《え》を捨《す》て浄《じょう》を欣《ねが》ひ、行《ぎょう》に迷《まど》ひ信《しん》に惑《まど》ひ、心昏《こころくら》く識寡《さとりすく》なく、悪重《あくおも》く障《さわり》多《おお》きもの、ことに如来《にょらい》（釈尊）の発遣《はっけん》を仰《あお》ぎ、かならず最勝《さいしょう》の直道《じきどう》に帰《き》して、もつぱらこの行《ぎょう》に奉《つか》へ、ただこの信《しん》を崇《あが》めよ。ああ、弘誓《ぐぜい》の強縁《ごうえん》、多生《たしょう》にも値《もうあ》ひがたく、真実《しんじつ》の浄信《じょうしん》、億劫《おくこう》にも獲《え》がたし。たまたま行信《ぎょうしん》を獲《え》ば、遠《とお》く宿縁《しゅくえん》を慶《よろこ》べ。もしまたこのたび疑網《ぎもう》に覆蔽《ふへい》せられば、かへつてまた曠劫《こうごう》を経歴《きょうりゃく》せん。誠《まこと》なるかな、摂取不《せっしゅふ》捨《しゃ》の真言《しんごん》、超世希有《ちょうせけう》の正法《しょうぼう》、聞思《もんし》して遅慮《ちりょ》することなかれ。

私を変える親鸞聖人のことば

『教行信証』六巻全体の序文である「総序《そうじょ》」の中、信を勧め、疑いを誡められる箇所です。

阿弥陀仏のはたらきによってあらゆるものが救われるという本願の教えは、さとりへの最も勝《すぐ》れた道（「最勝直道」）であり、釈尊が説かれた教えの中で及ぶものはない。だからこそ、どのようなものであっても釈尊の経説に従って、本願の教えに帰依すべきであると信を勧められています。

ここで、このように親鸞聖人が仰っているということは、「釈尊がさまざまに教えを説かれたとしても本当に説きたかった教えは本願の教えである」という出世本懐《しゅっせほんがい》（→一一四頁）と同様の意味があると理解することができます。

本願の教えとは、私たちが行を修め、私たちが信じて、浄土へ往生しさとりを開くような教えではありません。阿弥陀仏の名号《みょうごう》のはたらきによって救われる教えであり、行であっても信であっても、阿弥陀仏のはたらきにほかならないからこそ、「奉へ」「崇め」、「値ひがたく」「獲がた」いのです。だからこそ、行と信を得たのであれば、その背後には遠い過去からの因縁があったことを慶ぶべきであり、もし本願の教えを疑うのならば、迷いを繰り返し続けなければならないと疑いを誡められています。

好むと好まざると、私たちはこれまでの出あいや、経験の上に生きています。人と語り合い、交流し合う中で、嬉しかったこと、悲しかったことなど、さまざまなことがあります。その一つひとつは、あなたにとって「偶然」なのでしょうか。

その背後には、あなたが思う以上のあなたへの思いがあり、さまざまな条件が整って、ようやく起こった出来事なのかもしれません。

(参考)本文:縮刷本八、解説:解説論集四九

総序❸

出あいの確率を
考えたことは
あるだろうか。
その一つひとつは、
当たり前ではない。

令和訳

ここに愚禿釈の親鸞は、慶ばしいことに、インド・中国・日本の高僧がたの教えに、遇いがたいにもかかわらずいま遇わせていただき、聞きがたいにもかかわらずすでに聞かせていただくことができた。

阿弥陀仏のはたらきにより浄土に往生してさとりを開くという真実の教・行・証を心から信じ、ことさら阿弥陀仏のご恩の深いことを知らせていただいた。

聞かせていただいたところを慶び、獲させていただいたところをたたえるばかりである。

本文　聖典全七・註釈版一三二

爰愚禿釈親鸞、慶哉、西蕃・月支聖典、東夏・日域師釈、難遇今得遇、難聞已得聞。敬信真宗教行証、特知如来恩徳深。斯以、慶所聞、嘆所獲矣。

ここに愚禿釈《ぐとくしゃく》の親鸞《しんらん》、慶《よろこ》ばしいかな、西蕃《せいばん》・月支《げっし》の聖典《しょうてん》、東夏《とうか》（中国）・日域《じちいき》（日本）の師釈《ししゃく》に、遇《あ》ひがたくしていま遇《あ》ふことを得《え》たり、聞《き》きがたくしてすでに聞《き》くことを得《え》たり。真宗《しんしゅう》の教行証《きょうぎょうしょう》を敬信《きょうしん》して、ことに如来《にょらい》の恩徳《おんどく》の深《ふか》きことを知《し》んぬ。ここをもって聞《き》くところを慶《よろこ》び、獲《う》るところを嘆《たん》ずるなりと。

私を変える親鸞聖人のことば

『教行信証』六巻全体の序文である「総序《そうじょ》」の中、『教行信証』を製作された意図を述べられた箇所です。

親鸞聖人は、インド・中国・日本の高僧がたによって本願の教えが伝えられたことで、今まさにその教えに出あえていることを慶ばれ、その慶びの上から本願の教えをほめたたえるばかりであると述べられています。

「インド・中国・日本の高僧がた」とは、インドの龍樹菩薩《りゅうじゅぼさつ》・天親菩薩《てんじんぼさつ》、中国の曇鸞大師《どんらんだいし》・道綽禅師《どうしゃくぜんじ》・善導大師《ぜんどうだいし》、日本の源信和尚《げんしんかしょう》・源空《げんくう》（法然《ほうねん》）聖人《しょうにん》の七人のことで、七高僧と呼ばれています。法然聖人は『選択集《せんじゃくしゅう》』「二門章」において相承《そうじょう》（教えが師から弟子へと相い承け継がれていくこと）を示されており、親鸞聖人もまた相承の師として七高僧を挙げられ、「行文類」終わりの「正信念仏偈」や『高僧和讃《こうそうわさん》』においで、その生涯や教えをたたえられています。

阿弥陀仏やその浄土に関する著作を残した祖師が多くいる中で、親鸞聖人はこの七人を選ばれた理由について明白に述べられてはいませんが、従来、その理由について、①阿弥陀仏の浄土に往生することを願った願生者《がんしょう》であること、②撰述された著作があること、③著作に阿弥陀仏の救いが強調されていること、④説き示されることに独自の発揮《はっき》があることが指摘されてきました。「正信念仏偈」では、

印度西天之論家　中夏日域之高僧
顕大聖興世正意　明如来本誓応機
印度西天《いんどさいてん》の論家《ろんげ》、中夏《ちゅうか》（中国）・日域《じちいき》（日本）の高僧《こうそう》、大聖《だいしょう》（釈尊）興世《こうせ》の正意《しょうい》を顕《あらわ》し、如来《にょらい》の本誓《ほんぜい》、機《き》に応《おう》ぜることを明《あ》かす。
（『註釈版』二〇四頁）

（インドの菩薩方や中国と日本の高僧方が、釈尊が世に出られた本意をあらわし、阿弥陀仏の本願はわたしたちのためにたてられたことを明らかにされた。〈『顕浄土真実教行証文類（現代語版）』一四六頁〉）

と七高僧の徳をほめたたえられています。ここに、釈尊がこの世に出られた本意が阿弥陀仏の本願の教えを説くことにあったことをあらわし、その教えこそあらゆるもの

を救う法門であることを明らかにされたといわれていることが、七高僧選定の理由をよくあらわしています。

ここでは、七高僧それぞれの浄土教著作と発揮（併せて、発揮に対応する「正信念仏偈」の言葉）を挙げます。

〈七高僧の著作・発揮〉

・龍樹菩薩（一五〇―二五〇年頃／南インド）

著作：『十住毘婆沙論《じゅうじゅうびばしゃろん》』「易行品《いぎょうぼん》」

発揮：難易二道《なんいにどう》

顕示難行陸路苦　信楽易行水道楽

難行の陸路、苦しきことを顕示して、易行の水道、楽しきことを信楽せしむ

・天親菩薩（四〇〇―四八〇年頃／北インド）

著作：『浄土論《じょうどろん》（無量寿経優婆提舎願生偈《むりょうじゅきょううばだいしゃがんしょうげ》）』

発揮：宣布一心《せんぷいっしん》

広由本願力回向　為度群生彰一心

広く本願力の回向によりて、群生を度せんがために一心を彰す

・曇鸞大師（四七六―五四二／中国・北魏）

著作：『往生論註《おうじょうろんちゅう》（無量寿経優婆提舎願生偈註《むりょうじゅきょううばだいしゃがんしょうげちゅう》）』・『讃阿弥陀仏偈《さんあみだぶつげ》』

発揮：自力他力《じりきたりき》

報土因果顕誓願　往還回向由他力

報土の因果誓願に顕す　往還の回向は他力による

・道綽禅師（五六二―六四五／中国・南北朝～隋・唐）

著作：『安楽集《あんらくしゅう》』

発揮：聖浄二門《しょうじょうにもん》

道綽決聖道難証　唯明浄土可通入

道綽、聖道の証しがたきことを決して、ただ浄土の通入すべきことを明かす

・善導大師（六一三―六八一／中国・唐）

著作：『観経疏《かんぎょうしょ》』・『法事讃《ほうじさん》』・『観念法門《かんねんぼうもん》』・『往生礼讃《おうじょうらいさん》』・『般舟讃《はんじゅさん》』

発揮：古今楷定《ここんかいじょう》

善導独明仏正意

善導独り仏の正意をあきらかにせり

・源信和尚（九四二―一〇一七／日本・平安時代）

著作：『往生要集《おうじょうようしゅう》』

発揮：報化二土《ほうけにど》

専雑執心判浅深　報化二土正弁立

専雑の執心、浅深を判じて、報化二土まさしく弁立せり

・源空聖人（一一三三―一二一二／日本・平安～鎌倉時代）

著作：『選択集《せんじゃくしゅう》（選択本願念仏集《せんじゃくほんがんねんぶつしゅう》）』

発揮：選択本願《せんじゃくほんがん》

真宗教証興片州　選択本願弘悪世

真宗の教証、片州に興す　選択本願、悪世に弘む

（参考：勧学寮編『浄土三部経と七祖の教え』、本願寺出版社、二〇〇八年）

私たちは、日常に起きる出来事を「当たり前」と思いがちです。ところが、どれ一つをとっても当たり前ということはないはずです。

自分自身に起こる一つひとつの出来事が当たり前ではないと気づいた時、その大切さを学び、活かすことができるのです。

（参考）本文：縮刷本九、解説：解説論集五七

真実教（指定経体・大経大意／教文類）

大事なものは、
すでにここにある。
ほかに必要なものは、
何もない。

令和訳

真実の教えを顕せば、『大無量寿経《だいむりょうじゅきょう》』である。

『大無量寿経』の大意は、次のようである。阿弥陀仏は、すぐれた願いをおこされ、すべての人びとのために広く法門の蔵を開き、愚かなものを哀れんで、名号《みょうごう》を選び施され、釈尊は、この世に出られ、さまざまな教えを説かれ、あらゆる迷い苦しむ人びとを救い、真実の利益《りやく》を恵みたいと思われた、というものである。

そこで、阿弥陀仏の本願を説くことが『大無量寿経』の肝要であり、阿弥陀仏の名号（南無阿弥陀仏）がこの経典の本質なのである。

本文 聖典全九・註釈版一三五

夫顕真実教者、則『大无量寿経』是也。斯経大意者、弥陀超発於誓、広開法蔵、致哀凡小選施功徳之宝。釈迦出興於世、光闡道教、欲拯群萌恵以真実之利。是以説如来本願為経宗致、即以仏名号為経体也。

それ真実《しんじつ》の教《きょう》を顕《あらわ》さば、すなはち『大無量寿経《だいむりょうじゅきょう》』これなり。この経《きょう》の大意《たいい》は、弥《み》陀《だ》、誓《ちかい》を超発《ちょうほつ》して、広《ひろ》く法蔵《ほうぞう》を開《ひら》きて、凡小《ぼんしょう》を哀《あわ》れんで選《えら》んで功徳《くどく》の宝《ほう》を施《せ》することを致《いた》す。釈迦《しゃか》、世《よ》に出興《しゅっこう》して、道教《どうきょう》を光闡《こうせん》して、群萌《ぐんもう》を拯《すく》ひ恵《めぐ》むに真実《しんじつ》の利《り》をもつてせんと欲《おぼ》すなり。ここをもつて如来《にょらい》の本願《ほんがん》を説《と》きて経《きょう》の宗致《しゅうち》とす、すなはち仏《ぶつ》の名号《みょうごう》をもつて経《きょう》の体《たい》とするなり。

私を変える親鸞聖人のことば

第一巻「教文類《きょうもんるい》」の冒頭にある真宗大綱《しんしゅうたいこう》（↓五二頁）に続いて、「教文類」標挙《ひょうこ》に「大無量寿経 真実の教 浄土真宗」とあることと同じく、『大無量寿経』（『仏説無量寿経』）が「真実の教」であることを示されている箇所です。

釈尊は生涯において「八万四千《はちまんしせん》の法門《ほうもん》」ともいわれるほど、多くの教えを説かれ、膨大な数の経典が伝えられています。そうした中、法然聖人は、『選択集《せんじゃくしゅう》』「二門章」において、

正《まさ》しく往生浄土《おうじょうじょうど》を明《あ》かす教《きょう》といふは、いはく三経一論《さんぎょういちろん》これなり。「三経《さんぎょう》」とは、一には『無量寿経《むりょうじゅきょう》』、二には『観無量寿経《かんむりょうじゅきょう》』、三には『阿弥陀経《あみだきょう》』なり。
（『註釈版七祖篇』一一八七頁）

といわれ、数ある阿弥陀仏とその浄土を説く経典から、『仏説無量寿経』（『大無量寿経』）『仏説観無量寿経』『仏説阿弥陀経』を「浄土三部経《じょうどさんぶきょう》」として選ばれました。

ここでは、「浄土三部経」の中でも『大無量寿経』を「真実の教」とすることについて、阿弥陀仏はあらゆるものを救おうという願いをおこし、南無阿弥陀仏の名号による救いを選ばれて与えられたこと（弥陀《みだ》の大意《たいい》・選択本願《せんじゃくほんがん》）、釈尊は阿弥陀仏の教えを説くためにこの世に現れたこと（釈迦《しゃか》の出世《しゅっせ》・出世本懐《しゅっせほんがい》）、から明らかにされています。

このことを「正信念仏偈」において、それぞれ次のようにたたえられています。

建立無上殊勝願　超発希有大弘誓
五劫思惟之摂受　重誓名声聞十方

無上殊勝《むじょうしゅしょう》の願《がん》を建立《こんりゅう》し、希有《けう》の大弘誓《だいぐぜい》を超発《ちょうほつ》せり。
五劫《ごこう》これを思惟《しゆい》して摂受《しょうじゅ》す。重《かさ》ねて誓《ちか》ふらくは、名声十方《みょうしょうじっぽう》に聞《きこ》えんと。

（『註釈版』二〇三頁）

（この上なくすぐれた願をおたてになり、世にもまれな大いなる誓いをおこされた。五劫もの長い間思惟してこの誓願を選び取り、名号をすべての世界に聞えさせようと重ねて誓わ

れたのである。〈『顕浄土真実教行証文類（現代語版）』一四三頁〉

如来所以興出世　唯説弥陀本願海

如来《にょらい》、世《よ》に興出《こうしゅつ》したまふゆゑは、ただ弥陀《みだ》の本願海《ほんがんかい》を説《と》かんとなり。

〈『註釈版』二〇三頁〉

（如来が世に出られるのは、ただ阿弥陀仏の本願一乗海の教えを説くためである。〈『顕浄土真実教行証文類（現代語版）』一四四頁〉）

こうして親鸞聖人は、阿弥陀仏の本願を説くことを『大無量寿経』のかなめ、南無阿弥陀仏の名号が『大無量寿経』の本質であるといわれたのです。

人生に必要なもの、大切なものとは、何なのでしょうか。また、それはどこにあるのでしょうか。私たちはそれを、今とは違うどこか別のところにあるはずだと探し求めてしまいます。

しかし、それはもう、すでに得ているのかもしれません。時には、すでにここにあるものを見つめ直す必要もあるのではないでしょうか。

（参考）縮刷本一三、解説：解説論集八五

四、本願力

すべての始まりは、
あなたを見捨てない
という思い。

令和訳

あらゆるものを救いたいと誓われた阿弥陀仏の願いには、真実の行信と、方便の行信がある。その真実の行を誓われた願いは、諸仏称名《しょぶつしょうみょう》の願（第十七願）である。真実の信を誓われた願いは、至心信楽《ししんしんぎょう》の願（第十八願）である。すなわち、これが選《せん》択本願《じゃくほんがん》の行信である。

その救いの対象は、善人や悪人、大乗や小乗の教えにあうもの、これらすべての凡《ぼん》夫《ぶ》である。その往生は、阿弥陀仏のはたらきによって浄土に往生し、さとりを開くということ（難思議往生《なんじぎおうじょう》）である。その仏と国土は、阿弥陀仏の願いがその通りに完成した仏と国土（報仏《ほうぶつ》・報土《ほうど》）である。

この阿弥陀仏の救いは、わたしたちの思いやはからいを超え、さとりそのものにかなった唯一真実の救いである。これが、『大無量寿経《だいむりょうじゅきょう》』に説かれた教えの肝要であり、阿弥陀仏のはたらきによって浄土に往生してさとりを開くという他力真宗の本意なのである。

本文 聖典全五九・註釈版二〇二

凡就誓願、有真実行信、亦有方便行信。其真実行願者、諸仏称名願。其真実信願者、至心信楽願。斯乃選択本願之行信也。其機者則一切善悪大小凡愚也。往生者則難思議往生也。仏土者則報仏・報土也。斯乃誓願不可思議一実真如海。『大无量寿経』之宗致、他力真宗之正意也。

おほよそ誓願《せいがん》について真実《しんじつ》の行信《ぎょうしん》あり、また方便《ほうべん》の行信《ぎょうしん》あり。その真実《しんじつ》の行《ぎょう》の願《がん》は、諸仏称名《しょぶつしょうみょう》の願《がん》（第十七願）なり。その真実《しんじつ》の信《しん》の願《がん》は、至心信楽《ししんしんぎょう》の願《がん》（第十八願）なり。これすなはち選択本願《せんじゃくほんがん》の行信《ぎょうしん》なり。その機《き》はすなはち一切善悪大小凡《いっさいぜんあくだいしょうぼん》愚《ぐ》なり。往生《おうじょう》はすなはち難思議往生《なんじぎおうじょう》なり。仏土《ぶつど》はすなはち報仏《ほうぶつ》・報土《ほうど》なり。これすなはち誓願不可思議一実真如海《せいがんふかしぎいちじつしんにょかい》なり。『大無量寿経《だいむりょうじゅきょう》』の宗致《しゅうち》、他力真宗《たりきしんしゅう》の正意《しょうい》なり。

私を変える親鸞聖人のことば

第二巻「行文類《ぎょうもんるい》」末尾には、阿弥陀仏の救いをたたえ、そのみ教えを伝えていただいた釈尊や高僧がたのご恩に報謝《ほうしゃ》するために製作された「正信念仏偈」があります。本御自釈はその直前にあり、「偈前《げぜん》の文」と呼ばれています。

最初に、阿弥陀仏の願いに、真実の行信と方便の行信があり、真実の行を誓われたのが第十七願、真実の信を誓われたのが第十八願だといわれています。この「阿弥陀仏の願い」とは、『仏説無量寿経《ぶっせつむりょうじゅきょう》』に説かれる四十八願ですが、

　設我得仏　十方衆生　至心信楽　欲生我国　乃至十念　若不生者　不取正覚　唯除五逆誹謗正法

　たとひわれ仏《ぶつ》を得《え》たらんに、十方《じっぽう》の衆生《しゅじょう》、心《こころ》を至《いた》し信楽《しんぎょう》してわが国《くに》に生《うま》れんと欲《おも》ひて、乃至十念《ないしじゅうねん》せん。もし生《うま》れざれば、正覚《しょうがく》を取《と》らじと。ただ五逆《ごぎゃく》と誹《ひ》謗正法《ほうしょうぼう》を除《のぞ》く　（「信文類」引用・『註釈版』二一二頁）

（わたしが仏になったとき、あらゆる人々が、まことの心で（至心）信じ喜び（信楽）、わたしの国に生れると思って（欲生）、たとえば十声念仏して（乃至十念）、もし生れることができないようなら、わたしは決してさとりを開くまい。ただし、五逆の罪を犯したり、正しい法を謗るものだけは除かれる〈『顕浄土真実教行証文類（現代語版）』〉一六二頁）

と説かれる第十八願について、『選択集《せんじゃくしゅう》』「特留章《どくるちょう》」には、「四十八願《がん》のなかに、すでに念仏往生《ねんぶつおうじょう》の願《がん》（第十八願）をもって本願中《ほんがんちゅう》の王《おう》となすといふことを」（『註釈版七

祖篇』一二二八頁）といわれています。

法然聖人によって説きあかされた本願の教え、浄土真宗という教えを、親鸞聖人は『教行信証』を「教文類《きょうもんるい》」「行文類《ぎょうもんるい》」「信文類《しんもんるい》」「証文類《しょうもんるい》」「真仏土文類《しんぶつどもんるい》」の真実五巻と、方便を明かす「化身土文類《けしんどもんるい》」の全六巻から構成することによって説き示されました。そして、「行文類」には第十七願、「信文類」には第十八願、「証文類」には第十一願、「真仏土文類」には第十二・十三願が掲げられています。

親鸞聖人は、法然聖人が説きあかされた第十八願にもとづく教えを、第十七願、第十八願、第十一願、第十二願、第十三願の五願にわけて説き示されたのです。これを法然聖人が第十八願一願を中心として教えを説かれた（「一願建立《いちがんこんりゅう》」）のに対して「五《ご》願開示《がんかいじ》」といいます。

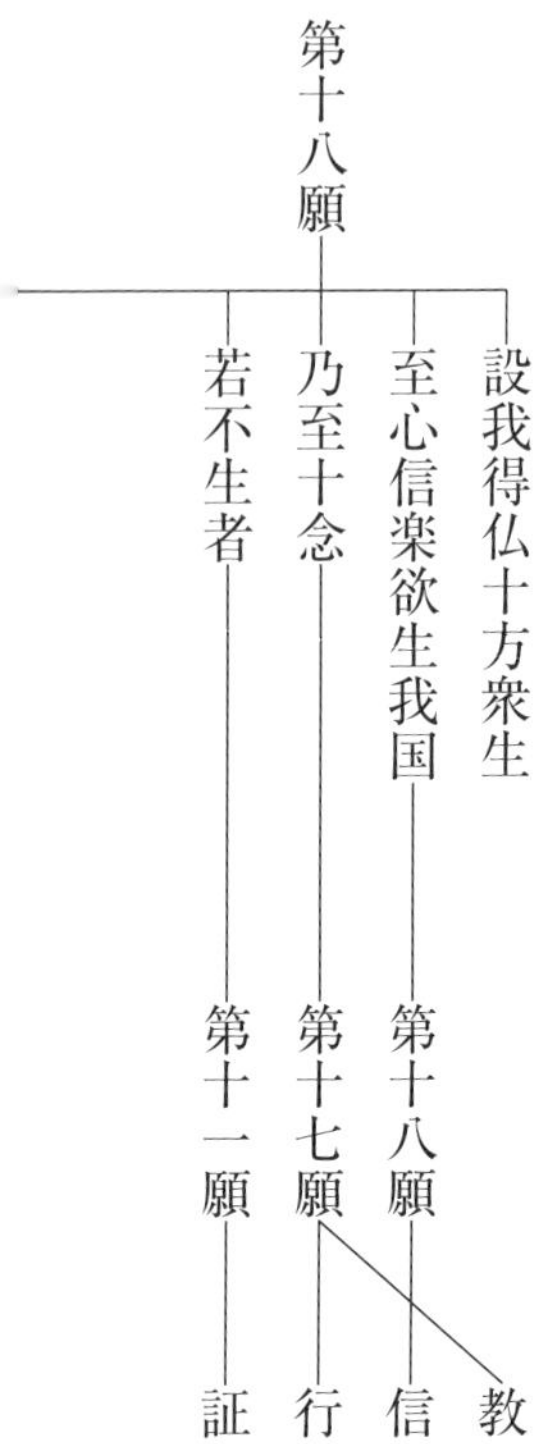

不取正覚
第十二願　真仏
第十三願　真土

（参考：勧学寮編『親鸞聖人の教え』〈本願寺出版社、二〇一七年〉）

「教文類」には願文が掲げられていませんが、この理由は第十七願の理解にあります。第十七願は、

設我得仏　十方世界無量諸仏　不悉咨嗟　称我名者　不取正覚

たとひわれ仏《ぶつ》を得《え》たらんに、十方世界《じっぽうせかい》の無量《むりょう》の諸仏《しょぶつ》、ことごとく咨嗟《ししゃ》して、わが名《な》を称《しょう》せずは、正覚《しょうがく》を取《と》らじ　（「行文類」引用・『註釈版』一四一頁）

（わたしが仏になったとき、すべての世界の数限りない仏がたが、ことごとくわたしの名号をほめたたえないようなら、わたしは決してさとりを開くまい〈『顕浄土真実教行証文類（現代語版）』二〇頁〉）

とありますが、あらゆる仏がたが阿弥陀仏の名号《みょうごう》をほめたたえることが誓われているとすれば、「真実の教」を誓っていると理解できます。しかし、親鸞聖人は、あらゆる仏がたにほめたたえられている名号が、あらゆるものを救うためのはたらきその

ものであり、そのはたらきが「南無阿弥陀仏」の称名となって現れ出ることから、名号が行であることをあらわすために「行文類」に第十七願を掲げられているのです。

　このようにして、浄土真宗の教えが、総じていえば第十八願の法門、開けば真実五願であらわされています。この五願の内容を、教（『大無量寿経』）、行（南無阿弥陀仏）、信（無疑の信心）、証（滅度）、真仏、真土という六法で示され、阿弥陀仏の浄土に往生してさとりを開く因果のすべてが、本願のはたらきにもとづくことを明らかにされたのです。

　その上で、本御自釈では、第十七願・第十八願が「選択本願の行信」といわれています。親鸞聖人は、「この大願《だいがん》を選択本願《せんじゃくほんがん》と名《な》づく」（「信文類」・『註釈版』二一一頁）といわれるように、『教行信証』において「選択本願」の語を第十八願のみに用いられています。そのため、「選択本願の行信」とは、第十七願に誓われた名号（行）が、第十八願で誓われる「乃至十念」（称名）となって現れ出ることを示しているといえます。

　続けて第十八願・選択本願の教えの「機」（一切善悪大小凡愚）、「往生」（難思議往生）、「仏」（報仏）、「国土」（報土）がそれぞれ示され、最後に、その教えが『仏説無量寿経』のかなめ（『大無量寿経』の宗致）であり、阿弥陀仏のはたらきによってあらゆるものが救われていく教えの本意（他力真宗の正意）であると結ばれています。

なお、四十八願の中で「方便の行信」を誓った願は、第十九願・第二十願であり、「化身土文類」において説き示されます。


私たちは、日々いろいろな思いのもとで行動しています。その思いは、立場によって、状況によって、年齢によっても異なりますし、人によってもさまざまな異なりがあります。

しかし、表面的には異なるようなその思いを掘り下げてみると、「子どものため」「社会をよくするため」「みんなが幸せになるため」といった、根本は純粋な思いからだということが少なくありません。

願いや思いは、突き詰めてみると、「誰かのために」という心からできているのではないでしょうか。

（参考）本文：縮刷本一九六

ふりかえれば、
あの時のことも、
この時のことも、
今の私のためだったんだ。

令和訳

愚禿釈の親鸞は、龍樹菩薩《りゅうじゅぼさつ》・天親菩薩《てんじんぼさつ》の解釈を仰ぎ、曇鸞大師《どんらんだいし》・道綽禅師《どうしゃくぜんじ》・善導《ぜんどう》大師《だいし》・源信和尚《げんしんかしょう》・法然聖人《ほうねんしょうにん》の導きにより、久しく、さまざまな行や善を積み重ねることで往生しようとする教え（仮門《けもん》）を出て、永く、双樹林下往生《そうじゅりんげおうじょう》から離れたのである。そして、念仏して善を積み重ねることで往生しようとする教え（真門）に入り、難思往生《なんじおうじょう》を求める心をおこした。

ところがいまや、その教えをも出て、ただ念仏をするものを救おうという阿弥陀仏のはたらき（弘願門《ぐがんもん》）に入ることができた。速やかに難思往生を求める心を離れて、難思議往生《なんじぎおうじょう》を遂げようとするのである。必ず真実の教えに入らせようとする第二十願が誓われたのは、まことに意味のあることである。

ここに久しく、阿弥陀仏のはたらきに入り、深くその恩を知ることができた。この尊いご恩に報いるために、真実の教えの要となる文を集め、常に、思いはかることのできない功徳に満ちた阿弥陀仏の名号を称え、いよいよ喜び、つつしんで頂戴するのである。

本文　聖典全二一〇・註釈版四一三

是以愚禿釈鸞、仰論主解義、依宗師勧化、久出万行諸善之仮門、永離双樹林下之往生。回入善本徳本真門、偏発難思往生之心。然今特出方便真門転入選択願海。速離難思往生心欲遂難思議往生。果遂之誓、良有由哉。爰久入願海深知仏恩。為報謝至徳、摭真宗簡要恒常称念不可思議徳海。弥喜愛斯、特頂戴斯也。

ここをもつて愚禿釈《ぐとくしゃく》の鸞《らん》、論主《ろんじゅ》の解義《げぎ》を仰《あお》ぎ、宗師《しゅうし》の勧化《かんけ》によりて、久《ひさ》しく万行《まんぎょう》諸善《しょぜん》の仮門《けもん》を出《い》でて、永《なが》く双樹林下《そうじゅりんげ》の往生《おうじょう》を離《はな》る。善本徳本《ぜんぽんとくほん》の真門《しんもん》に回入《えにゅう》して、ひとへに難思往生《なんじおうじょう》の心《しん》を発《おこ》しき。しかるにいまことに方便《ほうべん》の真門《しんもん》を出《い》でて、選択《せんじゃく》の願《がん》海《かい》に転入《てんにゅう》せり。すみやかに難思往生《なんじおうじょう》の心《しん》を離《はな》れて、難思議往生《なんじぎおうじょう》を遂《と》げんと欲《ほっ》す。果《か》遂《すい》の誓《ちかい》（第二十願）、まことに由《ゆえ》あるかな。ここに久《ひさ》しく願海《がんかい》に入《い》りて、深《ふか》く仏恩《ぶっとん》を知《し》れり。至徳《しとく》を報謝《ほうしゃ》せんがために、真宗《しんしゅう》の簡要《かんよう》を摭《ひろ》うて、恒常《ごうじょう》に不可思議《ふかしぎ》の徳海《とくかい》を称念《しょうねん》す。いよいよこれを喜愛《きあい》し、ことにこれを頂戴《ちょうだい》するなり。

私を変える親鸞聖人のことば

第六巻「化身土文類《けしんどもんるい》」において、浄土門内の方便の教え（要門・真門）の釈を終えて、七高僧らのお勧めによって、阿弥陀仏のはたらきによって浄土に往生してさとりを開くという教え（弘願門）に入られたことを喜び、報恩のために『教行信証』を撰述したことを明らかにされた御自釈です。

『仏説無量寿経《ぶっせつむりょうじゅきょう》』に説かれる四十八願の中、第十八願・第十九願・第二十願の三願を生因三願《しょういんさんがん》といいます。

第十八願…（行）乃至十念…（信）至心信楽欲生――（利益）若不生者→他力念仏往生
↓真実

第十九願…（行）修諸功徳…（信）至心発願欲生――（利益）現其人前→自力諸行往生
↓方便

第二十願…（行）植諸徳本…（信）至心回向欲生――（利益）不果遂者→自力念仏往生
↓方便

（参考：勧学寮編『親鸞聖人の教え』〈本願寺出版社、二〇一七年〉）

第十九願は、

設我得仏　十方衆生　発菩提心　修諸功徳　至心発願　欲生我国　臨寿終時　仮令不与大衆囲繞　現其人前者　不取正覚

たとひわれ仏《ぶつ》を得《え》たらんに、十方《じっぽう》の衆生《しゅじょう》、菩提心《ぼだいしん》を発《おこ》し、もろもろの功徳《くどく》を修《しゅ》し、心《こころ》を至《いた》し発願《ほつがん》してわが国《くに》に生《しょう》ぜんと欲《おも》はん。寿終《じゅじゅう》の時《とき》に臨《のぞ》んで、たとひ大衆《だいしゅ》と囲繞《いにょう》してその人《ひと》の前《まえ》に現《げん》ぜずは、正覚《しょうがく》を取《と》らじ。

（「化身土文類」引用・『註釈版』三七六頁）

（わたしが仏になったとき、すべての人々がさとりを求める心をおこして、さまざまな功徳を積み、心からわたしの国に生れたいと願うなら、命を終えようとするとき、わたしは多くの聖者たちとともにその人の前に現れよう。そうでなければ、わたしは決してさとりを開くまい。〈『顕浄土真実教行証文類（現代語版）』四五四頁〉）

と、あらゆるものが、さとりを求める心を発し、さまざまな功徳を修め、浄土へと生まれたいと願うならば、命が終わる時に、その人の前に現れることが誓われています。

第二十願は、

設我得仏　十方衆生　聞我名号　係念我国　植諸徳本　至心回向　欲生我国　不果遂者　不取正覚

たとひわれ仏《ぶつ》を得《え》たらんに、十方《じっぽう》の衆生《しゅじょう》、わが名号《みょうごう》を聞《き》きて、念《ねん》をわが国《くに》に係《か》けて、もろもろの徳本《とくほん》を植《う》ゑて、心《こころ》を至《いた》し回向《えこう》してわが国《くに》に生《しょう》ぜんと欲《おも》はん。果遂《かすい》せずは正覚《しょうがく》を取《と》らじ。（「化身土文類」引用・『註釈版』四〇〇頁）

（わたしが仏になったとき、すべての人々が、わたしの名号を聞いて、浄土をひとすじに思い、仏がたの徳の名の本であるその名号を称え、心を励まして、その称える功徳により浄土に生れたいと願うなら、その願いをきっと果しとげさせよう。そうでなければ、わたしは決してさとりを開くまい。〈『顕浄土真実教行証文類（現代語版）』五〇二頁〉）

と、あらゆるものが、阿弥陀仏の名号を聞いて、浄土をひとすじに思い、名号を称え、その功徳によって浄土に生まれたいと願うならば、きっとその願いを果たしとげることが誓われています。

親鸞聖人は、この第十九願と第二十願を、ただちに真実の教えを受け入れられない未熟なものを真実の教えに導き入れるために、仮にしばらく用いられる教え（権仮方《ごんけほう》便《べん》）を説き示す第六巻「化身土文類」に掲げられています。つまり、親鸞聖人は、第十九願は自らの力で諸行を修め、その功徳によって浄土に往生する「自力諸行往生《じりきしょぎょうおうじょう》」を、第二十願は自らの力で念仏を称え、その功徳によって浄土に往生する「自力念仏往生」を誓った願であるが、そうした真実の教えを受け入れられないものにまで阿弥陀仏の願いはかけられていると理解されたのです。なお、第六巻「化身土文類」の冒頭に掲げられる標挙《ひょうこ》では第十九願（至心発願の願）・第二十願（至心回向の願）の願名の右傍に、それぞれ「無量寿仏観経《むりょうじゅぶつかんぎょう》の意《こころ》なり」「阿弥陀経《あみだきょう》の意《こころ》なり」と細字で記され（『註釈版』三七四頁）、第十九願は『仏説観無量寿経《ぶっせつかんむりょうじゅきょう》』の法門を、第二十願は『仏説阿弥陀経《ぶっせつあみだきょう》』の法門を誓われたものであると示されています。

本御自釈では、第十九願を「仮門《けもん》」、その往生を「双樹林下往生」（自力の諸行による方便化土への往生）と示され、第二十願を「真門」、その往生を「難思往生」（自力の念仏による方便化土への往生）と示されています。そして、親鸞聖人ご自身が「仮門」（自力諸行往生）から「真門」（自力念仏往生）へ回入し、今、真門から「選択の願海」（第十八願）に転入されていると述べられ、続けて「果遂の誓、まことに由あるかな」といわれ、第二十願は第十八願へと転入させるために誓われていたといわれています。

親鸞聖人は、阿弥陀仏のはたらきを受け入れられないものを導き入れることまで誓われていた阿弥陀仏のご恩を、第十八願に転入していよいよ知ることができたからこそ、「至徳を報謝せんがために、真宗の簡要を摭うて、恒常に不可思議の徳海を称念す」と述べられているのです。

人が何かを知り、気づくということは、二つの方向が考えられます。一つは未来に向かって新しいことを知っていくということ。もう一つは、過去を振り返って「そうだったんだ」と気づくということです。

「そうだったんだ」と気づくことは、「あの時」「あの出来事」が今の自分につながっていたことに気づけるということではないでしょうか。

（参考）本文：縮刷本七五六、解説：解説論集五四四

他力釈（行文類）

何があっても、
私は一人ではない。
だから、
安心して歩んでいける。

令和訳

「他力」とは、阿弥陀仏があらゆるものを救い続けているはたらきである。

本文　聖典全五一・註釈版一九〇

言他力者如来本願力也。

他力《たりき》といふは如来《にょらい》の本願力《ほんがんりき》なり。

私を変える親鸞聖人のことば

第二巻「行文類《ぎょうもんるい》」の大行釈《だいぎょうしゃく》において、行信の利益《りやく》について明かされる箇所（↓一六七頁）に、「いかにいはんや十方群生海《じっぽうぐんじょうかい》、この行信《ぎょうしん》に帰命《きみょう》すれば摂取《せっしゅ》して捨《す》てたまはず。ゆゑに阿弥陀仏《あみだぶつ》と名《な》づけたてまつると。これを他力《たりき》といふ」（『註釈版』一八六～一八七頁）と示された「他力」の語について、その意を解釈された他力釈の冒頭にある御自釈の文です。

他力釈は、本御自釈だけが親鸞聖人のご文であり、そのほとんどは七高僧の一人である曇鸞大師《どんらんだいし》『往生論註』の引用文となっています。

『往生論註』は、天親菩薩《てんじんぼさつ》の『浄土論』を註釈した書ですが、註釈に先だって龍樹《りゅうじゅ》菩薩《ぼさつ》の『十住毘婆沙論』「易行品」を引用（取意）し、難行道《なんぎょうどう》・易行道《いぎょうどう》を示すことからはじめられています。その中で、難行道が難たる理由を、

ただこれ自力《じりき》にして他力《たりき》の持《たも》つなし。

（『註釈版七祖篇』四七頁）

（ただ自力のみであって他力のささえがない。〈『行文類』大行釈引用・『顕浄土真実教行証文類（現代語版）』四五頁〉）

と示され、易行道を、

ただ信仏《しんぶつ》の因縁《いんねん》をもつて浄土《じょうど》に生《しょう》ぜんと願《がん》ずれば、仏願力《ぶつがんりき》に乗《じょう》じて、すなはちかの清浄《しょうじょう》の土《ど》に往生《おうじょう》を得《え》、仏力住持《ぶつりきじゅうじ》して、すなはち大乗正定《だいじょうしょうじょう》の聚《じゅ》に入《い》る。

（『註釈版七祖篇』四七頁）

（ただ仏を信じて浄土の往生を願えば、如来の願力によって清らかな国に生れ、仏にささえられ、ただちに大乗の正定聚に入ることができる〈『行文類』大行釈引用・『顕浄土真実教行証文類』（現代語版）〉四五頁）

といわれています。つまり、易行道とは、仏を信じ、浄土に往生したいと願えば、仏

願力（他力）によって往生し、正定聚《しょうじょうじゅ》（さとりを開くことが定まったものの仲間。↓現生十益・一七九頁ほか）に入ることであると示されるのです。

そして、この「仏願力（他力）によって往生し、正定聚に入る」ことを、『往生論註』では一つの問答（『註釈版七祖篇』一五五頁）をもってあらわしています。それは、『浄土論』において礼拝《らいはい》・讃嘆《さんだん》・作願《さがん》・観察《かんざつ》・回向《えこう》の五念門を修して「速《すみ》やかに阿耨多羅三藐三菩提《あのくたらさんみゃくさんぼだい》を成就《じょうじゅ》することを得《う》る」と説かれていることに対する問答です。この問いに対し、曇鸞大師は、「しかるに覈《まこと》に其《そ》の本《もと》を求《もと》むるに、阿弥陀如来《あみだにょらい》を増上縁《ぞうじょうえん》となす」と、阿弥陀仏のすぐれたはたらき（増上縁）によると述べられ、さらに、

おほよそこれかの浄土《じょうど》に生《しょう》ずると、およびかの菩薩《ぼさつ》・人《にん》・天《てん》の所起《しょき》の諸行《しょぎょう》とは、みな阿弥陀如来《あみだにょらい》の本願力《ほんがんりき》によるがゆゑなり。なにをもってこれをいふとなれば、もし仏力《ぶつりき》にあらずは、四十八願《がん》すなはちこれ徒設《とせつ》ならん。いま的《あき》らかに三願《がん》を取《と》りて、もって義《ぎ》の意《こころ》を証《しょう》せん。（『註釈版七祖篇』一五五頁）

（そもそも、衆生が浄土に生れることも、浄土に生れてからさまざまなはたらきをあらわすことも、みな阿弥陀仏の本願のはたらきによるのである。なぜなら、もし仏力によらない

のであれば、四十八願が設けられたのは無意味なことになるからである。今これを示す三つの願を引いてそのわけを証明しよう。〈「行文類」他力釈引用・『顕浄土真実教行証文類（現代語版）』一一九頁〉）

と述べられます。浄土に往生する（「かの浄土に生ずる」）ことも、浄土に往生した後のこと（「かの菩薩・人・天の所起の諸行」）も、すべて阿弥陀仏のはたらきによるのであるとし、もしそうでなかったとしたら阿弥陀仏の願いは「いたずらに設けられた（徒設）」ものになってしまうと示され、その根拠として、三つの願い（第十八願、第十一願、第二十二願）が挙げられています。

こうして曇鸞大師は、あらゆるものを救いたいと誓われた本願にもとづくはたらきこそ「他力」であり、「本願力」であることを明らかにされたのです。なお、以上のことから、「他力」という言葉を「他人まかせにする」といった意味で理解することは、誤りであることがわかります。

相手の顔色をうかがう、嫌われることを恐れる、といった理由で自分の本心を隠すといったことは、年齢などを問わず誰にでもあるのではないでしょうか。誰もが一人になること、関係を断ち切られることは怖く、辛いはずです。
だからこそ、何を言っても、何をやっても、どんなに失敗しても、どうしようもない私でも、認めてもらえる。そうしたことがわかった時、私たちは前へと進んでいけるのではないでしょうか。

（参考）本文：縮刷本一六三、解説：解説論集一九六

五、称名と名号

大行釈（行文類）

その言葉には、
私を変える力がある。

令和訳

つつしんで、往相の回向について考えてみると、大行《だいぎょう》と大信がある。大行とは、無礙《むげ》光如来《こうにょらい》の名を称えること（南無阿弥陀仏と称えること）である。この行は、あらゆる善がおさめられ、あらゆる功徳が具《そな》わり、速やかに円満させる、さとりそのものの功徳が満ちた海のように広大な法なのである。だから、大行というのである。

本文　聖典全一五・註釈版一四一

謹按往相廻向、有大行、有大信。大行者則称无㝵光如来名。斯行即是摂諸善法、具諸徳本。極速円満、真如一実功徳宝海。故名大行。

つつしんで往相《おうそう》の回向《えこう》を案《あん》ずるに、大行《だいぎょう》あり、大信《だいしん》あり。大行《だいぎょう》とはすなはち無礙《むげ》光如来《こうにょらい》の名《みな》を称《しょう》するなり。この行《ぎょう》はすなはちこれもろもろの善法《ぜんぼう》を摂《せっ》し、もろもろの徳本《とくほん》を具《ぐ》せり。極速円満《ごくそくえんまん》す、真如一実《しんにょいちじつ》の功徳宝海《くどくほうかい》なり。ゆゑに大行《だいぎょう》と名《な》づく。

私を変える親鸞聖人のことば

本御自釈は、第二巻「行文類《ぎょうもんるい》」大行釈冒頭において、浄土真宗における行とは「無礙光如来の名を称えること」、つまり、阿弥陀仏の名号を称える（称名）ことであると明示される箇所です。

「行」とは一般的に、さとりに至るための行為を意味します。そのため、称名という行為によってさとりに至ると考えられます。しかしながら、親鸞聖人は、「教文類」冒頭において阿弥陀仏のはたらきによって往相が回向されるといわれ、本御自釈に続いて「しかるにこの行《ぎょう》は大悲《だいひ》の願《がん》（第十七願）より出《い》でたり」と、また「真実信《しんじつしん》心《じん》の称名《しょうみょう》は　弥陀回向《みだえこう》の法《ほう》なれば」（『正像末和讃』・『註釈版』六〇七頁）などといわれているように、浄土真宗における称名（行）は、阿弥陀仏のはたらき（名号）が現れ出た行であると示されています。「無礙光如来の名を称する」という行が「大行」である理由として、①はかりしれない功徳をそなえている（量徳＝多）、②行が持つはたらきがすぐれている（用徳＝勝）、③行の本質はさとりそのものである（性徳＝大）、ことが挙げられているのも、「称名」という行為ではなく、称えられている名号に「大行」である所以があることを示しています。

このことは、親鸞聖人が大行である称名を「無礙光如来の名を称する（称無礙光如来名）」といわれ、法然聖人が『選択集《せんじゃくしゅう》』標宗の文において「南無阿弥陀仏《なもあみだぶつ》　往生《おうじょう》の業《ごう》は念仏《ねんぶつ》を本《ほん》とす」（『行文類』引用・『註釈版』一八五頁）と示されたような「南無阿弥陀仏と称える（称南無阿弥陀仏）」とは示されなかったこととも関係します。

「称南無阿弥陀仏」という言葉は、「浄土三部経《じょうどさんぶきょう》」の一つである『仏説観無量寿《ぶっせつかんむりょうじゅ》経《きょう》』にありますが、親鸞聖人は曇鸞大師《どんらんだいし》の『往生論註』下巻の讃嘆門にしたがって「称無礙光如来名」と示されています。それは、大行である称名が称えている名（名号）のいわれにかなった「如実の行」であること、阿弥陀仏の功徳がそのままあらわれ、あらゆるものの煩悩をさわりとしない（無礙）ことを明らかにするためだと考えられます。また、親鸞聖人は第六巻「化身土文類」において『観無量寿経』の表面にあらわれている教えは方便（仮にしばらく誘引のために用いられる教え）の教えが説かれていると示されているため、『観無量寿経』の言葉を用いられなかったということも考えられます。

私たちの周りにはいろいろな言葉が溢れています。そして、私たち一人ひとりは、特別な意識をせずとも、その時々の状況に応じて多様な言葉を使い分けています。言葉とはあまりにも身近にありすぎるといってもいいのかもしれません。

では、誰もが言葉を本当に使い分けているのでしょうか。恐らくそうではないでしょう。時には、どのような言葉をもってしても、伝えきれない場合がありま す。何気ない言葉が相手を傷つけていることがあります。相手からの言葉の意図をはかりきれず、一人で悩むことがあります。たった一言が人生を大きく変えることがあります。

言葉は、考えている以上の力をもっているのです。

（参考）本文：縮刷本三三、解説：解説論集一二〇

六字釈（行文類）

誰も
独りぼっちにさせない。
今も、これからも。

令和訳

「南無《なも》」という言葉は「帰命」という。「帰」という字には「至る」という意味がある。また「帰説（きえつ）」と読めば、「説」は「悦」であり、「帰説（きさい）」と読めば「説」は「税」である。悦と税の二つの読み方があるが「説」という字は、「告げる、述べる」の意味があり、阿弥陀仏がその思いを説き述べることをいう。「命」という字には、業（如来のはたらき）、招引（如来がまねきひく）、使（如来が使う）、教（如来がおしえる）、道（大道）、信（まこと）、計（如来がはからう）、召（召されていく）の意味がある。このようなわけで、「帰命」は、阿弥陀仏が私を招きよびつづけておられる本願の仰せなのである。

「発願回向《ほつがんえこう》」とは、すでにあらゆるものを救おうと願われ、私たちに浄土に往生する行を与えてくださる阿弥陀仏のお心である。

「即是其行《そくぜごぎょう》」とは、阿弥陀仏があらゆるものを救うために選び取られた本願の行であることをいう。

「必得往生《ひっとくおうじょう》」とは、必ずさとりを開くことができる不退転《ふたいてん》の位に、この世で至ることをあらわす。このことを『大無量寿経《だいむりょうじゅきょう》』では「即得」と言い、龍樹菩薩《りゅうじゅぼさつ》の『十《じゅう》住毘婆沙論《じゅうびばしゃろん》』「易行品《いぎょうぼん》」では「必定《ひつじょう》」といわれている。「即」という字は、本願のはたらきのいわれを聞くことによって、浄土に往生するまことの因が定まるまさにその時ということを明らかに示している。また「必」という字は、審（あきらかにさだまる）・然（本願の自然《じねん》のはたらき）・分極（この世で正定聚《しょうじょうじゅ》不退の位に入る）という意味があり、他力の信心を得ているすがたのことである。

本文 聖典全三五・註釈版一七〇

爾者南无之言帰命。帰言至也又帰説也、説字悦音又帰説也、説字税音述也悦税二音告也宣述人意也命言業也招引也使也教也道也信也計也召也是以帰命者本願招喚之勅命也。言発願回向者、如来已発願回施衆生行之心也。言即是其行者、即選択本願是也。言必得往生者、彰獲至不退位也。『経』言「即得」、釈云「必定」。即言由聞願力光闡報土真因決定時剋之極促也。必言審也然也分極也金剛心成就之貌也。

しかれば、「南無《なも》」の言《ごん》は帰命《きみょう》なり。「帰《き》」の言《ごん》は、至《し》なり、また帰説《きえつ》なり、説《せつ》の字《じ》は、悦《えつ》の音《こえ》なり。また帰説《きさい》なり、説《せつ》の字《じ》は、税《さい》の音《こえ》なり。悦税《えつさい》二《ふた》つの音《こえ》は告《つぐる》なり、述《のぶる》なり、人《ひと》の意《こころ》を宣《せん》述《じゅつ》するなり。「命《みょう》」の言《ごん》は、業《ごう》なり、招引《しょういん》なり、使《し》なり、教《きょう》なり、道《どう》なり、信《しん》なり、計《はからう》なり、召《めす》なり。ここをもつて「帰命《きみょう》」は本願招喚《ほんがんしょうかん》の勅命《ちょくめい》なり。「発願回向《ほつがんえこう》」といふは、如来《にょらい》すでに発願《ほつがん》して衆生《しゅじょう》の行《ぎょう》を回施《えせ》したまふの心《しん》なり。「即是其行《そくぜごぎょう》」といふは、すなはち選択本願《せんじゃくほんがん》これなり。「必得往生《ひっとくおうじょう》」といふは、不退《ふたい》の位《くらい》に至《いた》ることを獲《う》ることを彰《あらわ》すなり。『経《きょう》』（大経・下）には「即得《そくとく》」といへり、釈《しゃく》（易行品　一五）には「必定《ひつじょう》」といへり。「即《そく》」の言《ごん》は願力《がんりき》を聞《き》くによりて報土《ほうど》の真因決定《しんいんけつじょう》する時剋《じこく》の極促《ごくそく》を光闡《こうせん》するなり。「必《ひつ》」の言《ごん》は審《つまびらか》なり、然《しからしむる》なり、分極《わかちきわむる》なり、金剛心成就《こんごうしんじょうじゅ》の貌《かおばせ》なり。

私を変える親鸞聖人のことば

本御自釈は、第二巻「行文類《ぎょうもんるい》」冒頭の大行釈（→一四二頁）において、阿弥陀仏の名（名号）を称えることを「大行」と示されましたが、その名号の意味を解釈する箇所で、「六字釈」と呼ばれています。

この「六字釈」の背景には、中国・隋から唐の時代にかけて盛んに議論された『仏《ぶっ》説観無量寿経《せっかんむりょうじゅきょう》』の中にある「阿弥陀仏の名を称える（称名）」部分に対する解釈があります。

『観無量寿経』には、一生涯にわたって悪を造り続けたものが、臨終に「南無阿弥陀仏」と十声称える称名によって浄土に往生すると説かれる箇所（下品下生・『註釈版』一一一五頁）があります。この説示に対して、浄土に往生するということは不可能であり、遠い将来における往生の縁になるに過ぎないという批判がなされました。

この批判に対して、七高僧の一人である善導大師《ぜんどうだいし》は、『観経疏《かんぎょうしょ》』「玄義分《げんぎぶん》」に、「南無阿弥陀仏」の六字の意味を示して、称名によって間違いなく浄土に往生できると示されました。このお示しを承《う》けて、親鸞聖人は「南無阿弥陀仏」の六字全体を、「帰命」「発願回向」「即是其行」の三つの義から明らかにされています。

親鸞聖人は「六字釈」において、「帰命」が、「われにまかせよ　そのまま救う」との阿弥陀仏のよび声であり、「発願回向」が、阿弥陀仏がすでに願をおこし、あらゆるものが浄土に往生するのに必要な行を与えているという阿弥陀仏の慈悲の心であり、「即是其行」が、阿弥陀仏のはたらきが私たちの「南無阿弥陀仏」という称名となり現れ出ていると解釈されたことで、「南無阿弥陀仏」という名号が、そのまま阿弥陀仏が私たちを救うためのはたらきであると示されたのです。

そして、その名号のはたらきによって、必ず阿弥陀仏の浄土に往生できる位に定まることを「必得往生」の解釈によって示されています。

誰も自分のことなど見ていない。気にかけてくれない。自分の存在さえおぼつかなくなる。そうした寂しさを感じてしまうことがあります。また、そうした寂しさを訴えても、誰にも気づいてもらえず、より寂しさが増してしまうのが、現代社会ではないでしょうか。

しかし、自分自身を見てくれている人、気にかけてくれている人はいるはずです。そうした人がそばいることに、今は気づいていないだけなのかもしれません。

（参考）本文：縮刷本一一二、解説：解説論集一三八

不回向の行（吉水引意・助釈／行文類）

これまで何をしてきたか。
今なにができるか。
そんなの問題じゃない。
ただ、
そのままのあなたでいい。

令和訳

法然聖人が説かれた本願の念仏は、凡夫《ぼんぶ》や聖者《しょうじゃ》が自らの力で阿弥陀仏の浄土に往生しようと励む行ではないことを、明らかに知ることができた。阿弥陀仏のはたらきによるものであるから、私たちの側からは「不回向《ふえこう》の行《ぎょう》」というのである。大乗や小乗の聖者であろうが、重い罪を犯した悪人であろうが、軽い罪のものであろうが、みな同じく、大海のごとく広大な阿弥陀仏の本願に帰して、念仏して成仏すべきである。

本文 聖典全四八・註釈版一八六

明知、是非凡聖自力之行。故名不回向之行也。大小聖人・重軽悪人、皆同斉応帰選択大宝海念仏成仏。

あきらかに知《し》んぬ、これ凡聖自力《ぼんしょうじりき》の行《ぎょう》にあらず。ゆゑに不回向《ふえこう》の行《ぎょう》と名《な》づくるなり。大小《だいしょう》の聖人《しょうにん》・重軽《じゅうきょう》の悪人《あくにん》、みな同《おな》じく斉《ひと》しく選択《せんじゃく》の大宝海《だいほうかい》に帰《き》して念仏成仏《ねんぶつじょうぶつ》すべし。

本御自釈は、第二巻「行文類《ぎょうもんるい》」大行釈において、『教行信証』においてただ一箇所『選択集《せんじゃくしゅう》』を引用された後にあるご文です。

法然聖人は、『選択集』「本願章」において、「弥陀如来《みだにょらい》、法蔵比丘《ほうぞうびく》の昔平等《むかしびょうどう》の慈《じ》悲《ひ》に催《もよお》されて、あまねく一切《いっさい》を摂《せっ》せんがために、造像起塔《ぞうぞうきとう》等の諸行《しょぎょう》をもって往生《おうじょう》の本願《ほんがん》となしたまはず。ただ称名念仏《しょうみょうねんぶつ》一行《ぎょう》をもってその本願《ほんがん》となしたまへり」（『註釈版七祖篇』一二〇九～一二一〇頁）と述べられるように、「南無阿弥陀仏」と称《とな》える称名とは、あらゆるものを救おうと誓われた本願によって選び取られた行であることを説きあらわされました。そのため、『選択集』「二行章」では、「たとひ別《べつ》に回向《えこう》を用《もち》ゐざれども自然《じねん》に往生《おうじょう》の業《ごう》となる」（『註釈版七祖篇』一一九七頁）と、称名以外の行であれば、行を修めたことによる功徳を往生のために振り向け（回向）なければならないのに対し、称名はあらゆるものが往生するために選ばれた行であるから回向する必要がないといわれました。

このことを承《う》けて、本御自釈では、法然聖人が説かれた称名を「自力の行」ではなく「不回向の行」といわれています。

「自力」とは、親鸞聖人が『一念多念文意《いちねんたねんもんい》』に、

自力《じりき》といふは、わが身《み》をたのみ、わがこころをたのむ、わが力《ちから》をはげみ、わがさまざまの善根《ぜんごん》をたのむひとなり。（『註釈版』六八八頁）

（自力というのは、わが身をたのみとし、わが心をたのみとすることであり、自分の力を頼って行にはげみ、自分がつくるさまざまな善を頼りにする人のことである。〈『一念多念文意（現代語版）』二七頁〉）

と示されているように、自らの力をたのみ、自らが行を修めた功徳によってさとりを開こうとすることです。

また「不回向の行」とは、親鸞聖人が『正像末和讃《しょうぞうまつわさん》』に、

真実信心《しんじつしんじん》の称名《しょうみょう》は　弥陀回向《みだえこう》の法《ほう》なれば
不回向《ふえこう》となづけてぞ　自力《じりき》の称念《しょうねん》きらはるる
（『註釈版』六〇七頁）

（真実の信心を得たものの念仏は、阿弥陀仏から回向された行であるので、源空聖人はそれを不回向と名づけ、自力の念仏ではないと示された。〈『三帖和讃（現代語版）』一五三頁〉）

と述べられていることからすれば、称名は阿弥陀仏のはたらきによる行であるのだか

ら、往生のために回向するような行ではないという意味があるといえます。

称名が阿弥陀仏のはたらきによる行であるからこそ、聖者や悪人などということは関係なく、みなが等しく念仏して成仏すべきであると勧められているのです。

私たちは、人を「色メガネ」で見てしまってはいないでしょうか。大きなミスをして二度と繰り返すまいとがんばっている人を、「この人はミスをした人間だ」「またやるだろう」と不審の目で見てはいないでしょうか。

私たちは「これまで何をしてきたのか」「どんな人か」といった思考の枠組みで判断してしまいがちです。人を疎外したり排除したりということは、こういうところから生じてしまうものです。

大切なのは、そうした「色メガネ」を外すことです。

（参考）本文：縮刷本一五四、解説：解説論集一五五

六、信心と利益

疑いのないこと、それが「信」。

令和訳

考えてみると、他力の信心を得ることは、ただ念仏するものを救うという本願を選ばれた阿弥陀仏の慈悲の心より起こるのである。そしてその真実の信心は、釈尊のあらゆるものを哀れむお心から説き広められた教えによって明らかになったのである。ところが、末法《まっぽう》の時代に生きる出家のものや在家のもの、近頃の各宗の師の立場にあるものの中には、自らの心をみがいてさとりを開くという聖道の教えにとらわれて、浄土に往生して真実のさとりを開くという教えをけなし、自らの力で浄土に往生してさとりを開こうとする心にとらわれて、他力の信心を得てさとりを開くということを知らない。

ここに愚禿釈の親鸞は、あらゆる仏がたや釈尊の真実の教えにしたがい、祖師がたが明らかにされた教えを知らせていただいた。「浄土三部経《じょうどさんぶきょう》」に説かれる阿弥陀仏の恩恵を受け、特に天親菩薩《てんじんぼさつ》の『浄土論』に説かれた「一心」のご文を見ることができた。ひとまず疑問を設け、最後に証しとなるご文を示そう。心から仏のご恩の深いことを思い、人びとの嘲《あざけ》りも恥じようとは思わない。

浄土を願う人びと、汚《けが》れたこの世から離れたいと願う人びとは、ここに集められた言葉に取捨を加えることがあったとしても、疑いそしるようなことがあってはならない。

本文 聖典全六五・註釈版二〇九

夫以、獲得信楽、発起自如来選択願心。開闡真心、顕彰従大聖矜哀善巧。然末代道俗、近世宗師、沈自性唯心貶浄土真証、迷定散自心昏金剛真信。爰愚禿釈親鸞、信順諸仏如来真説、披閲論家・釈家宗義。広蒙三経光沢、特開一心華文。且至疑問遂出明証。誠念仏恩深重、不恥人倫哢言。忻浄邦徒衆、厭穢域庶類、雖加取捨、莫生毀謗矣。

それおもんみれば、信楽《しんぎょう》を獲得《ぎゃくとく》することは、如来選択《にょらいせんじゃく》の願心《がんしん》より発起《ほっき》す。真心《しんしん》を開闡《かいせん》することは、大聖《だいしょう》（釈尊）矜哀《こうあい》の善巧《ぜんぎょう》より顕彰《けんしょう》せり。

しかるに末代《まつだい》の道俗《どうぞく》、近世《こんせ》の宗師《しゅうし》、自性唯心《じしょうゆいしん》に沈《しず》みて浄土《じょうど》の真証《しんしょう》を貶《へん》す、定散《じょうさん》の自心《じしん》に迷《まど》ひて金剛《こんごう》の真信《しんしん》に昏《くら》し。

ここに愚禿釈《ぐとくしゃく》の親鸞《しんらん》、諸仏如来《しょぶつにょらい》の真説《しんせつ》に信順《しんじゅん》して、論家《ろんげ》・釈家《しゃくけ》の宗義《しゅうぎ》を披閲《ひえつ》す。

広《ひろ》く三経《さんぎょう》の光沢《こうたく》を蒙《かぶ》りて、ことに一心《いっしん》の華文《かもん》を開《ひら》く。しばらく疑問《ぎもん》を至《いた》してつひに明証《みょうしょう》を出《いだ》す。まことに仏恩《ぶっとん》の深重《じんじゅう》なるを念《ねん》じて、人倫《じんりん》の哢言《ろうげん》を恥《は》ぢず。浄邦《じょうほう》を欣《ねが》ふ徒衆《としゅ》、穢域《えいき》を厭《いと》ふ庶類《しょるい》、取捨《しゅしゃ》を加《くわ》ふといへども毀謗《きほう》を生《しょう》ずることなかれとなり。

私を変える親鸞聖人のことば

『教行信証』は「教文類」「行文類」「信文類」「証文類」「真仏土文類」「化身土文類」の六巻で構成され、「教文類」の前に「総序《そうじょ》」が、「化身土文類」の末に「後序《ごじょ》」があり、「信文類」の冒頭に「信文類」だけのための序である「別序《べつじょ》」があります。「別序」では、「信心」が阿弥陀仏のはたらきによって得られること、当時、法然聖人が説かれた教え、阿弥陀仏の本願の教えに対して批判や誤った解釈があったことを嘆かれた上で、「信文類」が設けられた意図が示されています。

その意図とは、釈尊の言葉や七高僧の導きをうけ、「涅槃《ねはん》の真因《しんいん》はただ信心《しんじん》をもつてす」（『註釈版』二二九頁）と示されているように、「信心」こそが阿弥陀仏の浄土に往生しさとりを開く正しき因であることを明らかにすることです。

そのために親鸞聖人がなされたのが、「三一問答《さんいちもんどう》」と呼ばれる問答です。「三一問答」は、真実の行も信も阿弥陀仏のはたらきによるものであることを示された（↓行信結釈・六四頁）後にたてられた問答で、『仏説無量寿経《ぶっせつむりょうじゅきょう》』第十八願に「至心《ししん》・信《しん》楽《ぎょう》・欲生《よくしょう》」と説かれる三心と、天親菩薩《てんじんぼさつ》の『浄土論』に「われ一心《しん》に尽十方無礙光《じんじっぽうむげこう》如来《にょらい》に帰命《きみょう》したてまつりて」（『註釈版七祖篇』二九頁）とある「一心」との関係を問うものです。この「三一問答」によって、三心は信楽の一心におさまり、その信楽が真実信心であり、浄土に往生しさとりを開く因であることが明らかにされています。

また、親鸞聖人は、阿弥陀仏の深いご恩を仰いで、人びとの嘲りを恥じることはない、浄土に往生したいと思うならば「毀謗を生ずることなかれ」と強い言葉で結ばれています。ここでは「まことに仏恩の深重なるを念じて、人倫の哢言を恥ぢず」と、後序に「ただ仏恩《ぶっとん》の深《ふか》きことを念《おも》うて、人倫《じんりん》の嘲《あざけ》りを恥《は》ぢず」（『註釈版』四七三頁）とある文と同様の言葉を用いられています。

このように「信心」こそが阿弥陀仏の浄土に往生しさとりを開く正しき因であることを説かれたことが、親鸞聖人の特徴です。このことは『教行信証』の書名からもうかがえます。『教行信証』は、『顕浄土真実教行証文類《けんじょうどしんじつきょうぎょうしょうもんるい》』が正式な書名ですが、そこでは「教・行・証」と三法がたてられています。なぜなら、「教」（釈尊の教え）があり、その教に説かれる「行」（教えにもとづく修行）によって「証」（さとり）を得るというのが仏教一般の枠組みだからです。

そうした枠組みを前提にしながら、親鸞聖人は「教」「行」「信」「証」という四法によって、浄土真宗の教えを説かれています。これは、阿弥陀仏があらゆるものを救おうと、「南無阿弥陀仏」の名号としてはたらかれているのであるから、救われるかどうかは、そのはたらきを受け入れるかどうか、すなわち「信心」こそが重要であることによります。

親鸞聖人は「信文類」において、阿弥陀仏のはたらきを受け入れた時、正しく浄土に往生しさとりを開くことが定まることを明らかにされたのです。これを「信心正因《しんじんしょういん》」といいます。

私たちが何かを考え、何か行動している時、その背後には誰かに言われたこと、誰かから学んだことを「信じる」ということがあるはずです。

ですが、社会にある考えや価値観などには、偏見や誤解がつきものです。また、社会にある事柄を受け取る私たちにも、偏見や誤解がつきものです。

何を、なぜ「信じている」のか。それをもう一度見直してみましょう。

（参考）本文：縮刷本二一七、解説：解説論集二一八

行信利益（行文類）

舞台は、
もう整えられている。
安心して
一歩を踏み出そう。

令和訳

真実の行信を得ると、心は大きなよろこびに満たされるから、この位を「歓喜地《かんぎじ》」という。

歓喜地は、聖者《しょうじゃ》としての初段階に入った「初果《しょか》」という位にたとえられる。その位に至ったものは、たとえ仏道修行をなまけおこたることがあっても、二十九回も迷いの生を繰り返すことがないのである。

あらゆる世界のどのようなものも、真実の行信を得れば、仏は摂《おさ》め取って決して捨てることはない。その仏を阿弥陀仏と名づけ、そのはたらきを他力という。

だから龍樹菩薩《りゅうじゅぼさつ》は「即時入必定《そくじにゅうひつじょう》（即の時に必ず仏になると定まった位に入る）」といい、曇鸞大師《どんらんだいし》は「入正定聚之数《にゅうしょうじょうじゅしじゅ》（浄土に往生することが決定して、必ずさとりを開いて仏となるものの仲間に入る）」と仰られた。

阿弥陀仏のはたらきを敬い信じ、ただひとすじに念仏すべきなのである。

本文　聖典全四八・註釈版一八六

爾者、獲真実行信者、心多歓喜故是名歓喜地。是喩初果者、初果聖者、尚睡眠懶堕不至二十九有。何況十方群生海、帰命斯行信者摂取不捨。故名阿弥陀仏。是曰他力。是以龍樹大士曰「即時入必定」。曇鸞大師云「入正定聚之数」。仰可憑斯。専可行斯也。

しかれば、真実《しんじつ》の行信《ぎょうしん》を獲《う》れば、心《こころ》に歓喜《かんぎ》多《おお》きがゆゑに、これを歓喜地《かんぎじ》と名《な》づく。これを初果《しょか》に喩《たと》ふることは、初果《しょか》の聖者《しょうじゃ》、なほ睡眠《すいめん》し懶堕《らんだ》なれども二十九有《にじゅうくう》に至《いた》らず。いかにいはんや十方群生海《じっぽうぐんじょうかい》、この行信《ぎょうしん》に帰命《きみょう》すれば摂取《せっしゅ》して捨《す》てたまはず。ゆゑに阿弥陀仏《あみだぶつ》と名《な》づけたてまつると。これを他力《たりき》といふ。ここをもつて龍樹《りゅうじゅ》大士《だいじ》は「即時入必定《そくじにゅうひつじょう》」（易行品　一六）といへり。曇鸞大師《どんらんだいし》は「入正定聚之数《にゅうしょうじょうじゅしじゅ》」（論註・上意）といへり。仰《あお》いでこれを憑《たの》むべし。もつぱらこれを行《ぎょう》ずべきなり。

私を変える親鸞聖人のことば

第二巻「行文類《ぎょうもんるい》」大行釈の中、真実の行信を得たものの利益《りやく》について明かされた箇所です。

最初に、真実の行信を得たものの利益として「歓喜地《かんぎじ》」という言葉が出ています。

「歓喜地」とは、菩薩《ぼさつ》（大乗仏教における修行者）がさとりを開くまでに歩む道（修道《しゅどう》階位《かいい》）を五十二に分けたうちの四十一位で、「初地《しょじ》」ともいいます。菩薩の修道階位において重要なことは、その階位を昇り続け、後戻りしないことです。そのため、ここまで到達すればもはや後戻りせず、必ずさとりを開くことができるという位に至ることが、まず目指されました。それが、「初地」であり、もはや後戻りしないことから「不退転《ふたいてん》」ともいい、後戻りせず必ずさとりを開くことが定まっているために歓喜が生じることから「歓喜地」ともいわれました。

龍樹菩薩《りゅうじゅぼさつ》は、『十住毘婆沙論《じゅうじゅうびばしゃろん》』「易行品《いぎょうぼん》」において、「阿惟越致地《あゆいおっちじ》に至《いた》るには、もろもろの難行《なんぎょう》を行《ぎょう》じ、久《ひさ》しくしてすなはち得《う》べし。あるいは声聞《しょうもん》・辟支仏地《びゃくしぶつじ》に堕《だ》す」（『註釈版七祖篇』三頁）と、初地（「阿惟越致地」）に至るには、さまざまな行（諸《しょ》）を、時間をかけ（久《く》）て修めなければならず、しかも声聞などに堕ちてしまう（堕《だ》）恐れもあるといい、「諸・久・堕」のある道を難行道、ない道を易行道として示されています。

親鸞聖人は、真実の行信を得たものは、摂《おさ》め取られ捨てられることがない（「摂取不捨」）からこそ必ずさとりを開くことができる位（「歓喜地」「初地」「不退転地」）に至っているといわれています。このように、摂取して捨てず、どこまでもはたらき必ずさとりを開かせる仏を「阿弥陀仏」といい、その阿弥陀仏のはたらきを「他力」といいます。このことを『浄土和讃《じょうどわさん》』には、

十方微塵世界《じっぽうみじんせかい》の　念仏《ねんぶつ》の衆生《しゅじょう》をみそなはし
摂取《せっしゅ》してすてざれば　阿弥陀《あみだ》となづけたてまつる
（『註釈版』五七一頁）

（数限りないすべての世界の念仏するものを見通され、摂め取って決してお捨てにならないので、阿弥陀と申しあげる。〈『三帖和讃（現代語版）』五〇頁〉）

とたたえられ、その「摂取して捨てざれば」には、

摂めとる。ひとたびとりて永く捨てぬなり。摂はものの逃ぐるを追はへとるなり。

摂はをさめとる、取は迎へとる
（異本左訓・『註釈版』五七一頁脚註）

という左訓《さくん》（本文の左傍に文言の意味や読みを示した書き入れ）があります。

阿弥陀仏のはたらきによって行信を得たものは、摂め取って捨てないというはたらきによって、必ずさとりを開くことができる位に至ることを龍樹菩薩は「即時入必定」、曇鸞大師は「入正定聚之数」と仰ったとお示しになっています。

失敗したらどうなるのか。これから先どうなってしまうのか。本当にこのままでいいのだろうか。このような思いが消えず、一歩も踏み出すことができない。何も手につかなくなってしまう。

こうした不安や心配は、不確定な未来への不安であり、「もう大丈夫だ」と思えないことが理由ではないでしょうか。

そうだとすれば、「もう大丈夫だ」と思えることが、前に進む力につながっていくのではないでしょうか。

（参考）本文：縮刷本一五五、解説：解説論集一六四

聞信一念（信文類）

まずは素直に
聞いてみよう。
その声には、
言葉にならない
思いがあふれている。

令和訳

『仏説無量寿経』の第十八願成就文《じょうじゅもん》に「聞其名号《もんごみょうごう》」とあるが、その「聞」とは、あらゆるものを救いたいと誓われた阿弥陀仏の願いが起こされた由来と、その願いが完成し、あらゆるものを救おうとはたらかれていることを聞いて、少しの疑いもないということを「聞」という。


「信心」とは、阿弥陀仏のはたらきによって与えられた信心のことである。

「歓喜《かんぎ》」とは、身も心も喜びに満ちあふれているすがたである。

「乃至《ないし》」とは、多いのも少ないのも兼ねおさめる言葉である。

「一念」とは、信心には二心がないから一念という。これを一心と名づけられるのである。


この一心が清らかな浄土に往生するまことの因である。

本文 聖典全九四・註釈版二五一

然『経』言聞者、衆生聞仏願生起本末無有疑心、是曰聞也。言信心者、則本願力廻向之信心也。言歓喜者、形身心悦予之貌也。言乃至者、摂多少之言也。言一念者、信心无二心故曰一念。是名一心。一心則清浄報土真因也。

しかるに『経《きょう》』（大経・下）に「聞《もん》」といふは、衆生《しゅじょう》、仏願《ぶつがん》の生起《しょうき》本末《ほんまつ》を聞《き》きて疑心《ぎしん》あることなし、これを聞《もん》といふなり。「信心《しんじん》」といふは、すなはち本願力回向《ほんがんりきえこう》の信心《しんじん》なり。「歓喜《かんぎ》」といふは、身心《しんしん》の悦予《えつよ》を形《あらわ》すの貌《かおばせ》なり。「乃至《ないし》」といふは、多少《たしょう》を摂《せっ》するの言《ことば》なり。「一念《いちねん》」といふは、信心二心《しんじんにしん》なきがゆゑに一念《いちねん》といふ。これを一心《いっしん》と名《な》づく。一心《いっしん》はすなはち清浄報土《しょうじょうほうど》の真因《しんいん》なり。

私を変える親鸞聖人のことば

第三巻「信文類《しんもんるい》」後半では、親鸞聖人ご自身が設けられた問答（三一問答）の後、「信心（信楽《しんぎょう》）」についてほめたたえられています。その中に、「行文類」に「おほよそ往相回向《おうそうえこう》の行信《ぎょうしん》について、行《ぎょう》にすなはち一念《いちねん》あり、また信《しん》に一念《いちねん》あり」（『註釈版』一八七頁）と示されていた「信の一念」についてのお示しである信一念釈があります。

信一念釈において、「信心を得るまさにその時」を明らかにされ、その際、引用されているのが、『仏説無量寿経《ぶっせつむりょうじゅきょう》』に次のように説かれている本願成就文です。

諸有衆生　聞其名号信心歓喜　乃至一念　至心回向　願生彼国　即得往生　住不退転　唯除五逆誹謗正法

あらゆる衆生《しゅじょう》、その名号《みょうごう》を聞《き》きて信心歓喜《しんじんかんぎ》せんこと、乃至一念《ないしいちねん》せん。至心《ししん》に回向《えこう》せしめたまへり。かの国《くに》に生《しょう》ぜんと願《がん》ぜば、すなはち往生《おうじょう》を得《え》、不退転《ふたいてん》に住《じゅう》せん。ただ五逆《ごぎゃく》と誹謗正法《ひほうしょうぼう》とをば除《のぞ》く。

（「信文類」引用・『註釈版』二一二頁）

（すべての人々は、その名号のいわれを聞いて信じ喜ぶまさにそのとき、その信は阿弥陀仏がまことの心（至心）をもってお与えになったものであるから、浄土へ生れようと願うたちどころに往生すべき身に定まり、不退転の位に至るのである。ただし、五逆の罪を犯したり、正しい法を謗るものだけは除かれる。〈『顕浄土真実教行証文類（現代語版）』一六二頁〉）

本御自釈は、第十八願成就文の「聞其名号信心歓喜乃至一念《もんごみょうごうしんじんかんぎないしいちねん》」を解釈されたもので、阿弥陀仏があらゆるものを救おうと「南無阿弥陀仏」の名号となってはたらきかけられているその名号を聞いて疑いのないことが信心であり、「名号」を聞くとは「仏願の生起本末を聞く」ことだといわれています。「仏願の生起」とは、なぜ阿弥陀

仏があらゆるものを救いたいという願いをおこされたのかということです。それは『歎異抄《たんにしょう》』後序に、

弥陀《みだ》の五劫思惟《ごこうしゆい》の願《がん》をよくよく案《あん》ずれば、ひとへに親鸞一人《しんらんいちにん》がためなりけり。さればそれほどの業《ごう》をもちける身《み》にてありけるを、たすけんとおぼしめしたちける本願《ほんがん》のかたじけなさよ。（『註釈版』八五三頁）

（阿弥陀仏が五劫もの長い間思いをめぐらしてたてられた本願をよくよく考えてみると、それはただ、この親鸞一人をお救いくださるためであった。思えば、このわたしはそれほどに重い罪を背負う身であったのに、救おうと思い立ってくださった阿弥陀仏の本願の、何ともったいないことであろうか〈『歎異抄（現代語版）』四八頁〉）

とあるように、「迷い続けているこのわたし」がいるからです。「仏願の本末」とは、あらゆるものを救うために願いがおこされ、その願いを完成するために修行され（因）、その願いが完成され、願いのとおりにあらゆるものを救おうとはたらかれている（果）ということです。つまり、「仏願の生起本末を聞く」とは、あらゆるものを救うはたらきである名号のいわれを聞くということです。

親鸞聖人は、名号のいわれを疑いなく聞くことを「信心」といわれています。その

ため、「信心」とは、自ら励んで信じようとすることでも、何も考えずに阿弥陀仏をただ信じるといったものでもなく、阿弥陀仏のはたらきを疑いなく受け入れることをいうのです。だからこそ「本願力回向の信心」であり、阿弥陀仏の浄土に往生する「真因」なのです。

なお、親鸞聖人は、『教行信証』各巻の冒頭に願文に続けて引用していることが多く、願成就文を重要視されていたことがうかがえます。

普段交わす何げない会話は、あまりにも日常的で、その言葉の一つひとつを深く考えることはないかもしれません。しかし、ふとした一言で救われたり、前向きになったり、自信がみなぎることもあります。「ありがとう」や「ごめんなさい」といった一言に、大きな感謝や反省、決意といった心からあふれる思いを感じることがあります。

「言葉」には「言葉にならない思い」が込められています。

（参考）本文：縮刷本三二二、解説：解説論集三一八

現生十益（信文類）

行きついたものにしか、
得られないものがある。
気づけないことがある。

令和訳

他力の信心（金剛心）を得たなら、阿弥陀仏のはたらきによって、速やかに迷いの世界をめぐり続ける道を超え出て、この世において必ず十種の利益《りやく》を得るのである。
一つには、諸菩薩や諸天善神に護られるという利益、
二つには、この上ない尊い功徳が身に具わるという利益、
三つには、罪悪が転じて善となるという利益、
四つには、あらゆる仏がたに護られるという利益、
五つには、あらゆる仏がたにほめ讃えられるという利益、
六つには、阿弥陀仏の光に摂《おさ》め取られて常に護られるという利益、
七つには、心が喜びで満たされるという利益、
八つには、阿弥陀仏のご恩を知り、その徳に報謝するという利益、
九つには、常に阿弥陀仏の慈悲を広めるという利益、
十には、正定聚《しょうじょうじゅ》（必ずさとりを開いて仏に成ることが定まる）の位に入るという利益である。

本文　聖典全九四・註釈版二五一

獲得金剛真心者、横超五趣八難道、必獲現生十種益。何者為十。一者冥衆護持益、二者至徳具足益、三者転悪成善益、四者諸仏護念益、五者諸仏称讃益、六者心光常護益、七者心多歓喜益、八者知恩報徳益、九者常行大悲益、十者入正定聚益也。

金剛《こんごう》の真心《しんしん》を獲得《ぎゃくとく》すれば、横《おう》に五趣八難《ごしゅはちなん》の道《どう》を超《こ》え、かならず現生《げんしょう》に十種《じっしゅ》の益《やく》を獲《う》。なにものか十《じゅう》とする。一《ひと》つには冥衆護持《みょうしゅごじ》の益《やく》、二《ふた》つには至徳具足《しとくぐそく》の益《やく》、三《み》つには転悪成善《てんあくじょうぜん》の益《やく》、四《よ》つには諸仏護念《しょぶつごねん》の益《やく》、五《いつ》つには諸仏称讃《しょぶつしょうさん》の益《やく》、六《む》つには心光常護《しんこうじょうご》の益《やく》、七《なな》つには心多歓喜《しんたかんぎ》の益《やく》、八《や》つには知恩報徳《ちおんほうとく》の益《やく》、九《ここの》つには常行大悲《じょうぎょうだいひ》の益《やく》、十《とお》には正定聚《しょうじょうじゅ》に入《い》る益《やく》なり。

私を変える親鸞聖人のことば

第三巻「信文類《しんもんるい》」信一念釈において引用される第十八願成就文の「即得往生住不退転《そくとくおうじょうじゅうふたいてん》」を解釈されたもので、「信心」を得たものに恵まれる利益《りやく》を明らかにされた箇所です。

ここでは、阿弥陀仏のはたらきによって信心を得るまさにその時、浄土に往生してさとりを開くことが定まり（「横に五趣八難の道を超え」）、かならずこの世（現生《げんしょう》）において十種の利益を得る（「かならず現生に十種の益を獲」）と示されています。

親鸞聖人は、第二巻「行文類」行信利益《ぎょうしんりやく》（↓一六七頁）において、真実の行信を得れば「摂《おさ》め取って捨てない」という阿弥陀仏のはたらきによって、「正定聚《しょうじょうじゅ》」に入ると示され、本御自釈の前段（↓一七三頁）において、第十八願成就文の「聞其名号信心歓喜乃至一念」を解釈して、「一心《いっしん》はすなはち清浄報土《しょうじょうほうど》の真因《しんいん》なり」（『註釈版』二五一頁）といわれていました。従って、本御自釈において解釈される「即得往生住不退転」とは、浄土に往生するまことの因である信心を得たまさにその時、「阿弥陀仏の浄土に往生しさとりを開くことが定まる」（入正定聚）という利益のことといえます。

『一念多念文意《いちねんたねんもんい》』において、本願成就文を解釈される中では、

「即得往生《そくとくおうじょう》」といふは、「即《そく》」はすなはちといふ、ときをへず、日《ひ》をもへだてぬなり。また「即《そく》」はつくといふ、その位《くらい》に定《さだ》まりつくといふことばなり。「得《とく》」

はうべきことをえたりといふ。真実信心《しんじつしんじん》をうれば、すなはち無礙光仏《むげこうぶつ》の御《おん》こころのうちに摂取《せっしゅ》して捨《す》てたまはざるなり。摂《せつ》はをさめたまふ、取《しゅ》はむかへとると申《もう》すなり。をさめとりたまふとき、すなはち、とき・日《ひ》をもへだてず、正定聚《しょうじょうじゅ》の位《くらい》につき定《さだ》まるを「往生《おうじょう》を得《う》」とはのたまへるなり。

（『註釈版』六七八～六七九頁）

（「即得往生」というのは、「即」は「すなわち」ということであり、時を経ることなく、日を置くこともないという意味である。また「即」は「つく」ということであり、その位に確かに定まるという言葉である。「得」は得なければならないことをすでに得たということである。真実の信心を得れば、ただちに無礙光仏はそのお心のうちにその人を摂取して決してお捨てにならないのである。「摂」はお摂めになるということであり、「取」は浄土へ迎え取るということである。摂め取ってくださるとき、ただちに、時を経ることも日を置くこともなく、正定聚の位に確かに定まることを、「往生を得る」と仰せになっているのである。〈『一念多念文意（現代語版）』六頁〉）

といわれています。

こうして親鸞聖人は、従来は浄土に往生して得られる利益と理解されていた正定聚を、信心を得たものに与えられる利益であるとされました。これを「現生正定聚《げんしょうしょうじょうじゅ》」といいます。この「入正定聚」の利益を開いたのが現生に得る十種の利益であるため、十種の最後にある「入正定聚の益」を総益《そうやく》、その他の九種の益は総益から開かれた別益《べつやく》といわれています。

親の立場になってはじめて親の気持ちがわかる。リーダーになってこれまでとは違う責任感を感じる。このように、ある立場になってようやくわかるということがあります。

そして、そうなってわかったことは、単なる知識には止まらないはずです。例えば、嘘をつけばどうなるかがわかれば、嘘をつかないようになるといったように、「わかる」ことは日々の営みに変化を起こすはずです。

（参考）本文：縮刷本三二三、解説：解説論集三二二

七、念仏者

真仏弟子釈（信文類）

自分を
導いてくれる人がいる。
その思いに応えて、
ただ生きていく。

令和訳

「真の仏弟子」の「真」という言葉は、偽と仮に対する言葉である。「弟子」とは、釈尊やあらゆる仏がたの弟子ということであり、阿弥陀仏のはたらきによって信心を得て念仏するもののことである。

この信心と念仏によって、必ずこの上ないさとりを開くことができるから、「真の仏弟子」という。

本文　聖典全九八・註釈版二五六

言真仏弟子者、真言対偽対仮也。弟子者釈迦・諸仏之弟子、金剛心行人也。由斯信行必可超証大涅槃故、曰真仏弟子。

「真《しん》の仏弟子《ぶつでし》」（散善義　四五七）といふは、真《しん》の言《ごん》は偽《ぎ》に対《たい》し仮《け》に対《たい》するなり。弟子《でし》とは釈迦《しゃか》・諸仏《しょぶつ》の弟子《でし》なり、金剛心《こんごうしん》の行人《ぎょうにん》なり。この信行《しんぎょう》によりてかならず大涅槃《だいねはん》を超証《ちょうしょう》すべきがゆゑに、真《しん》の仏弟子《ぶつでし》といふ。

第三巻「信文類《しんもんるい》」大信釈には、
仏教《ぶっきょう》に随順《ずいじゅん》し、仏意《ぶつい》に随順《ずいじゅん》すと名《な》づく。これを仏願《ぶつがん》に随順《ずいじゅん》すと名《な》づく。これを真《しん》の仏弟子《ぶつでし》と名《な》づく。

（『註釈版』二一八頁）

（釈尊の教えにしたがい、仏がたの意にしたがうという。これを阿弥陀仏の願にしたがうという。これを真の仏弟子というのである。〈『顕浄土真実教行証文類（現代語版）』一七四頁〉）

とある善導大師《ぜんどうだいし》の『観経疏《かんぎょうしょ》』「散善義《さんぜんぎ》」の文が引用されています。本御自釈は、この「散善義」のお示しに従って、「真の仏弟子」とたたえられる信心を得たもののすがたを示されています。

まず、「真の仏弟子」の「真」を、仮と偽に対する言葉といわれています。「仮」と「偽」については、真仏弟子釈に続く仮偽弁釈において、次のように示されています。

仮《け》といふは、すなはちこれ聖道《しょうどう》の諸機《しょき》、浄土《じょうど》の定散《じょうさん》の機《き》なり。

（『註釈版』二六五頁）

（さきに仮といったのは、聖道門の人々、および浄土門における自力の人々のことである。

〈『顕浄土真実教行証文類（現代語版）』二五九頁〉

偽《ぎ》といふは、すなはち六十二見《ろくじゅうにけん》・九十五種《くじゅうごしゅ》の邪道《じゃどう》これなり。

（『註釈版』二六五頁）

（さきに偽といったのは、六十二種の誤った考えを持つ人々や九十五種のよこしまな教えにしたがう人々のことである。〈『顕浄土真実教行証文類（現代語版）』二五九頁〉）

「仮」とは、この世でさとりを開くことを目指す聖道の教えのものや、自らの力によって浄土に往生することを目指すもののこと、「偽」とは、仏教の道理とは異なる教え、誤った教えにしたがうもののことです。

次に「仏弟子」とは、釈尊やあらゆる仏がたの弟子のことであると示されています。親鸞聖人は、「教文類」において、『仏説無量寿経《ぶっせつむりょうじゅきょう》』（『大無量寿経』）が「真実の教」であることを「弥陀《みだ》の大意《たいい》」と「釈迦《しゃか》の出世《しゅっせ》」から明らかにされ（→真実教・一一二頁）、阿弥陀仏の救いをこそ説き広めるためにこの世に出られたのが釈尊であると示されていました。あらゆるものを救おうと願い、はたらかれているのが阿弥陀仏であり、その阿弥陀仏の救いを説き広められるのが釈尊やあらゆる仏がたであるから、「真の仏弟子」は「釈迦・諸仏の弟子」であるといわれているのです。

そして、「真の仏弟子」とは、阿弥陀仏のはたらきによって信心を得たものであり、信心を得たまさにその時、正定聚の位に入っているのであるから、必ずこの上ないさとりを開く（「かならず大涅槃を超証すべき」）と示されています。

なお、「真仏弟子釈」では、真仏弟子を「広大勝解者《こうだいしょうげしゃ》」（『無量寿如来会』）、「分陀利《ふんだり》華《け》」（『観無量寿経』）などとたたえる文が引用されています。

また、「正信念仏偈」では、

仏言広大勝解者　是人名分陀利華

仏《ぶつ》、広大勝解《こうだいしょうげ》のひととのたまへり。この人《ひと》を分陀利華《ふんだりけ》と名《な》づく。

（『註釈版』二〇四頁）

（仏はこの人をすぐれた智慧を得たものであるとたたえ、汚れのない白い蓮のような人とおほめになる。〈『顕浄土真実教行証文類（現代語版）』一四六頁〉）

と、念仏者は、広大なすぐれた法をよく領解した人、泥沼に美しく花開く白蓮華《びゃくれんげ》のような人であると、仏にたたえられる存在であることが示されています。

私たちは、日々、さまざまな場面で、さまざまな人から、さまざまなことを言われます。

多くは、私たちのことを真剣に思っての言葉です。しかし、私たちは時として、表面的に受け流したり、反発したり、相手への偏見から聞き入れなかったり、せっかくの言葉をゆがめて解釈してしまうことがあります。

言葉のなかにある相手の気持ちに思いを寄せなければ、私たちは本当には前に進めないのではないでしょうか。


（参考）本文：縮刷本三三七、解説：解説論集三三七

便同弥勒釈（信文類）

同じ道を生きている幸せ。

令和訳

いま、はっきりとわかった。弥勒菩薩《みろくぼさつ》は等覚《とうがく》の金剛心をきわめているから、竜華三会《りゅうげさんね》の時に、この上ないさとりを開くのである。念仏するものは、他力の信心（金剛心）を得ているから、この世の命を終えて浄土に往生し、たちまちこの上ないさとりを開く。弥勒菩薩も念仏するものも、いずれも次の生になればさとりを開くという同じ位にあるから「便同《べんどう》」というのである。

それればかりでなく、他力の信心を得たものは、韋提希《いだいけ》と同じように、喜忍《きにん》・悟忍《ごにん》・信忍《しんにん》の三忍《さんにん》を得ることができる。すなわち、浄土に往生しさとりを開く因である信心を与えられたからであり、思いはかることのできない阿弥陀仏の本願によるからである。

本文　聖典全一〇三三・註釈版二六四

真知、弥勒大士窮等覚金剛心故、龍華三会之暁、当極无上覚位。念仏衆生窮横超金剛心故、臨終一念之夕、超証大般涅槃。故曰便同也。加之獲金剛心者、則与韋提等、即可獲得喜・悟・信之忍。是則往相廻向之真心徹到故、籍不可思議之本誓故也。

まことに知《し》んぬ、弥勒大士《みろくだいじ》は等覚《とうがく》の金剛心《こんごうしん》を窮《きわ》むるがゆゑに、竜華三会《りゅうげさんね》の暁《あかつき》、まさに無上覚位《むじょうかくい》を極《きわ》むべし。念仏《ねんぶつ》の衆生《しゅじょう》は横超《おうちょう》の金剛心《こんごうしん》を窮《きわ》むるがゆゑに、臨終一《りんじゅういち》念《ねん》の夕《ゆうべ》、大般涅槃《だいはつねはん》を超証《ちょうしょう》す。ゆゑに便同《べんどう》といふなり。しかのみならず金剛心《こんごうしん》を獲《う》るものは、すなはち韋提《いだい》と等《ひと》しく、すなはち喜《き》・悟《ご》・信《しん》の忍《にん》を獲得《ぎゃくとく》すべし。これすなはち往相回向《おうそうえこう》の真心徹到《しんしんてっとう》するがゆゑに、不可思議《ふかしぎ》の本誓《ほんぜい》によるがゆゑなり。

私を変える親鸞聖人のことば

本御自釈は、第三巻「信文類《しんもんるい》」真仏弟子釈（↓一八六頁）の結びとして示されているご文です。真仏弟子釈の引用の中、中国・宋代の浄土教者である王日休《おうにっきゅう》の著『龍《りゅう》舒増広浄土文《じょぞうこうじょうどもん》』に示された「便《すなわ》ち弥勒《みろく》に同《おな》じ」（『註釈版』二六三頁）という文について解釈された箇所です。

ここでは、弥勒菩薩と念仏者が対比的に示されていきます。弥勒菩薩は、釈尊が入滅してから五十六億七千万年後、兜率天《とそつてん》よりこの世に下りてきて、竜華樹《りゅうげじゅ》の下でさとりを開き、三回の説法の会座（竜華三会）を開くとされています。つまり、仏（妙覚）の次の位で、菩薩としては最高位である「等覚」の「金剛心」をきわめられたのが弥勒菩薩です。釈尊の次にこの世で仏に成る方であり、「一生補処《いっしょうふしょ》の菩薩」ともいわれています。

一方、念仏するものは、阿弥陀仏のはたらきによって信心を得ている（「横超の金剛心を窮む」）から、この世での命を終えると阿弥陀仏の浄土に往生し、ただちにこの上ないさとりを開くことができるといわれています。念仏者も弥勒菩薩も、この一生が終わり次の生になれば、必ずさとりを開いて仏と成ることが定まっていることが「同じ」であるから、「便同弥勒」（「便ち弥勒に同じ」）といわれているのです。

また、「横超の金剛心」を得たものは、阿弥陀仏の浄土に往生した後にさとりを開くだけではなく、この世（現生《げんしょう》）において「喜忍」「悟忍」「信忍」の三忍を得るといわれています。同様のことは、「正信念仏偈」において、

行者正受金剛心　慶喜一念相応後
与韋提等獲三忍　即証法性之常楽

行者《ぎょうじゃ》まさしく金剛心《こんごうしん》を受《う》けしめ、慶喜《きょうき》の一念相応《いちねんそうおう》して後《のち》、韋提《いだい》と等《ひと》しく三忍《さんにん》を獲《え》、すなはち法性《ほっしょう》の常楽《じょうらく》を証《しょう》せしむ（『註釈版』二〇六頁）

〈行者は他力の信を回向され、如来の本願にかなうことができたそのときに、韋提希と同じく喜忍・悟忍・信忍の三忍を得て、浄土に往生してただちにさとりを開く〈『顕浄土真実教行証文類（現代語版）』一五〇頁〉〉

と示されています。

この「喜忍」「悟忍」「信忍」の三忍とは、『仏説観無量寿経《ぶっせつかんむりょうじゅきょう》』に、

心《しん》に歓喜《かんぎ》を生《しょう》じて未曾有《みぞう》なりと歎《たん》ず。廓然《かくねん》として大悟《だいご》して無生忍《むしょうにん》を得《え》たり。

（『註釈版』一一六頁）

〈心から喜び、これまでにはない尊いことであるとほめたたえ、すべての迷いが晴れて無生法忍のさとりを得た。〈『浄土三部経（現代語版）』一二一頁〉〉

と説かれる、韋提希が得た無生法忍の内容を開いたもので、親鸞聖人は阿弥陀仏のはたらきによって信心を得たものに恵まれるすぐれた徳とされています。それぞれ次のような意味があります。

・「喜忍」……歓喜のおもい。法を聞いて安心してよろこぶ心。

・「悟忍」……仏智を領得すること。真実のいわれをはっきりと知る心。
・「信忍」……仏力を信じること。本願を疑いなく信じる心。

「人生は茨の道」といわれるように、困難や苦痛としか感じられない時がありま
す。時に、思い通りにならない道も歩んでいかなければなりません。
しかし、信じあえる人、尊敬する人、仲間もまた、同じ思いでいるとわかった
時、一人ではないとわかった時、どう感じるでしょうか。
一人ではない。あの人も同じだったと思えることが、喜びや安心を生むのでは
ないでしょうか。

（参考）本文：縮刷本三五七、解説：解説論集三四三

欲深い自分、
喜べない自分がいる。
本当のすがたと向き合う
ことから、本当の人生が
開かれていく。

令和訳

まことに知ることができた。本当に悲しいことである。愚禿親鸞は、愛欲の広い海に沈み、名利《みょうり》の深い山に入って、必ず浄土に往生しさとりを開くことが定まっているという正定聚《しょうじょうじゅ》の位に入っていることを喜ばず、真実のさとりに近づいていることを楽しいとも思わない。恥ずべきで、嘆かわしいことである。

本文 聖典全一〇五・註釈版二六六

誠知、悲哉、愚禿鸞、沈没於愛欲広海、迷惑於名利太山、不喜入定聚之数、不快近真証之証、可恥可傷矣。

まことに知《し》んぬ、悲《かな》しきかな愚禿鸞《ぐとくらん》、愛欲《あいよく》の広海《こうかい》に沈没《ちんもつ》し、名利《みょうり》の太山《たいせん》に迷惑《めいわく》して、定聚《じょうじゅ》の数《かず》に入《い》ることを喜《よろこ》ばず、真証《しんしょう》の証《さとり》に近《ちか》づくことを快《たの》しまざることを、恥《は》づべし傷《いた》むべしと。

第三巻「信文類《しんもんるい》」真仏弟子釈の結びの御自釈で、親鸞聖人ご自身が、現実の自分のありさまを嘆き悲しまれていることを述べられている箇所です。

「信文類」では、阿弥陀仏のはたらきによって得る信心が、浄土に往生しさとりを開く正《まさ》しき因であること、信心を得たものの利益、信心を得たもののすがたが説き示されています。そして、真仏弟子釈・便同弥勒釈では、本願を信じ念仏するものは、阿弥陀仏のはたらきによって、この世の命を終えると速やかに浄土に往生してさとりを開くことが述べられています。

親鸞聖人は、信心を得させていただいているにもかかわらず、際限の無い欲望（「愛欲の広海」）を抱き、地位や名誉、財産や権力（「名利の太山」）を得ようと求めてしまう自分自身がいることを「悲しきかな」と嘆かれ、「恥づべし傷むべし」といわれています。つまり、「悲哉」とは、阿弥陀仏の本願に出あい、そのはたらきの中にいるからこそ、見えてきた現実のすがたなのです。このことは、例えば、『歎異抄《たんにしょう》』第九条に記された親鸞聖人の言葉からもうかがうことができます。

よくよく案《あん》じみれば、天《てん》にをどり地《ち》にをどるほどによろこぶべきことをよろこばぬにて、いよいよ往生《おうじょう》は一定《いちじょう》とおもひたまふなり。よろこぶべきこころをおさへてよろこばざるは、煩悩《ぼんのう》の所為《しょい》なり。しかるに仏《ぶつ》かねてしろしめして、煩悩具足《ぼんのうぐそく》の凡夫《ぼんぶ》と仰《おお》せられたることなれば、他力《たりき》の悲願《ひがん》はかくのごとし、われらがためなりけりとしられて、いよいよたのもしくおぼゆるなり。（『註釈版』八三六頁）

（よくよく考えてみますと、おどりあがるほど大喜びするはずのことが喜べないから、ますます往生は間違いないと思うのです。喜ぶはずの心が抑えられて喜べないのは、煩悩のしわざなのです。そうしたわたしどもであることを、阿弥陀仏ははじめから知っておられて、あらゆる煩悩を身にそなえた凡夫であると仰せになっているのですから、本願はこのようなわたしどものために、大いなる慈悲の心でおこされたのだなあと気づかされ、ますますたのもしく思われるのです。〈『歎異抄（現代語版）』一五頁〉）

なお、本御自釈にある「悲哉」を含め、『教行信証』には、「三哉《さんさい》の文」とよばれる箇所があります。

(1)「誠哉」

・誠《まこと》なるかな、摂取不捨《せっしゅふしゃ》の真言《しんごん》、超世希有《ちょうせけう》の正法《しょうぼう》、聞思《もんし》して遅慮《ちりょ》することなかれ。

（「総序」・『註釈版』一三二頁）

(2)「慶哉」

・慶《よろこ》ばしいかな、西蕃《せいばん》・月支《げっし》の聖典《しょうてん》、東夏《とうか》(中国)・日域《じちいき》(日本)の師釈《ししゃく》に、遇《あ》ひがたくしていま遇《あ》ふことを得《え》たり、聞《き》きがたくしてすでに聞《き》くことを得《え》たり。

(「総序」・『註釈版』一三二頁)

・慶《よろこ》ばしいかな、心《こころ》を弘誓《ぐぜい》の仏地《ぶつじ》に樹《た》て、念《おもい》を難思《なんじ》の法海《ほうかい》に流《なが》す。

(「後序」・『註釈版』四七三頁)

(3)「悲哉」

・悲《かな》しきかな、垢障《くしょう》の凡愚《ぼんぐ》、無際《むさい》よりこのかた助正間雑《じょしょうけんぞう》し、定散心雑《じょうさんしんぞう》するがゆゑに、出離《しゅつり》その期《ご》なし。みづから流転輪廻《るてんりんね》を度《はか》るに、微塵劫《みじんごう》を超過《ちょうか》すれども、仏願力《ぶつがんりき》に帰《き》しがたく、大信海《だいしんかい》に入《い》りがたし。まことに傷嗟《しょうさ》すべし、深《ふか》く悲歎《ひたん》すべし。

(「化身土文類」・『註釈版』四一二頁)

他人の喜び悲しみを素直に受け入れることができない自分。誰かを恨み、妬み続ける自分。そうした自分がいることに誰もが少しは気づいているはずです。しかし、そうした自分を真っ正面から見つめ直すことは、厳しく辛いことです。そんな自分を見たくないとも思ってしまいます。
自分自身の強さや弱さを素直に見つめ直せるということ自体が、なかなかできることではありません。しかし、私たちにとって、実は一番大事なことなのではないでしょうか。

（参考）本文：縮刷本三六一、解説：解説論集三四六

総説

i 『教行信証』の成立と展開

近代に入り、西欧から近代的研究法が日本に取り入れられたことにより、親鸞聖人の生涯に対し、種々の疑問が投げかけられた。その中の一つに、「『教行信証』はいつ成立したのか」という疑問がある。書物には、その来歴や書写の由縁を記した序や奥書、識語などが記される場合が多いのに対し、親鸞聖人真筆の『教行信証』（真宗大谷派蔵・坂東本）には、そのような明確な書き入れがないことから、『教行信証』の成立に対して歴史学・書誌学などの分野から研究がなされたのである。さまざまな視点からなされた『教行信証』の成立に関する議論において指摘されたことの中から、以下の三点に注目して、その成立と展開について述べておきたい。

第一に、『教行信証』本文の記述である。「化身土文類」において釈尊入滅の年代を算定する中、「わが元仁元年甲申に至るまで、二千一百八十三歳なり」と述べられており、『教行信証』が起筆された頃の記述と考えられている。『教行信証』においてこの箇所以外で年紀が記されるのは、「後序」で法然聖人との出遇いや別れを克明に記された箇所のみであるから、「元仁元年」は特別な意味を有していると考えることができる。この年時をもって、古来より立教開宗の年と見られてきた。

第二に、諸本に伝わる奥書の記述である。一二四七（寛元五）年には、尊蓮（日野信綱）に書写を許されていることが、いくつかの書写本の奥書によって知られている（付録ⅱ「『教行信証』古本紹介」参照）。門弟に書写を許していることから、その頃をもって『教行信証』は一往の完成を見たと考えることができる。

第三に、親鸞聖人の「筆跡」である。近代に入ると、数多く伝わる親鸞聖人真筆の調査研究と公開が進められ、字体の変化や筆跡の特徴、紙質などを比較することで、聖人が書かれたものか否か、何歳頃に書かれたものなのかが検証され、『教行信証』唯一の自筆である坂東本成立の様子も次第に明らかにされてきた。現在では、坂東本は聖人六十歳頃以降に「初稿本」を転写されたものであって、七十歳頃（『大集経』などの増補）、八十～八十五歳頃（『涅槃経』などの書改）など、晩年に至るまで推敲を重ねられたと考えられている。

なお、第一に挙げた「元仁元年」の記述は、坂東本においては、「初稿本」の転写後まもなく書き直された部分にあたる。その後、晩年に至るまで推敲が重ねられているが、「後序」における「今上」の語や「本師聖人今年七旬三御歳也」の語を訂正されていない点などから、「元仁元年」の年紀も当初より存在していたとも考えられる。『教行信証』の成立についてはさまざまな見方があって、その起筆や完成の時期を定めるのは容易でないが、現在では、元仁元年をめぐる数年のうちに執筆されたとする説が支持されており、その後も親鸞聖人の手元にあって改訂が続けられ、本文が整えられていったと考えられている。

そして、聖人を慕う幾多の人びとに書き継がれ、読み継がれ、語り継がれることで、私たちの時代にまで届けられているのである。

ii 『教行信証』の概要

『教行信証』は、浄土真宗の宗祖・親鸞聖人が、浄土真宗のみ教えを本願力回向の教義体系をもって明らかにされた書である。以下、書名、撰述の目的、六巻の大略、各巻の構成の四点から、その概要をうかがう。

一、書名

『顕浄土真実教行証文類』と題され、のちに『教行証文類』『教行信証』などと略して呼ばれるようになった。浄土真宗における立教開宗の根本聖典であることから、「本典」「本書」とも呼ばれる。また、『浄土文類聚鈔』を「略書」「略文類」などと称するのに対し、「広書」「広文類」などとも称されている。

二、撰述の目的

本書撰述の目的は、従来より、親鸞聖人の著作全体に通じる理由（通由）と、『教行信証』に限った理由（別由）があると見られている。

通由とは、阿弥陀仏の広大な仏恩を報謝するためという「知恩報徳」である。

別由とは、『教行信証』に限った撰述の理由であり、二点挙げられる。まず、「後序」では、法然聖人から書写を許可された『選択本願念仏集』を「希有最勝の華文、無上甚深の宝典」（『註釈版』四七三頁）とたたえている。同書に示された法然聖人のみ教えを相承して製作されたのが本書であって、法然聖人が明らかにされた第十八願の真実の教えを開顕するために著されたのである。また、「教文類」において、釈尊の出世本懐が『仏説無量寿経』を説くことにあり、その要が阿弥陀仏の本願であることが示されている。この経の本願真実の教法を教・行・信・証の往相と還相の二種回向の体系で開顕されたのが本書である。以上のことから、別由とは、法然聖人の選択本願の教えを相承し、本願力回向の体系において第十八願の真実の法を詳細に説きあらわされたのが『教行信証』であると考える。

三、六巻の大略

「教」「行」「信」「証」「真仏土」「化身土」の一部六巻からなる。「教文類」の前には「総序」が、「信文類」には「別序」が、「化身土文類」の終わりには「後序」が置かれている。

〈教　文　類〉

浄土真宗という教えは、往相回向・還相回向という二つの回向からなり、往相回向には教・行・信・証の四つの法があると示される。真実の教は、釈尊が阿弥陀仏の本願のいわれを説かれた『仏説無量寿経』（『大無量寿経』）であり、本願を宗とし、名号を体とする釈尊出世本懐の教であることが明らかにされる。

〈行　文　類〉

行とは本願の名号であり、衆生を信じさせ、念仏させ、往生成仏させるはたらきであるところの名号（南無阿弥陀仏）について明らかにされる。また、巻末には「正信念仏偈」が置かれている。

〈信　文　類〉

信心とは、三心即一の無疑の信心であり、阿弥陀如来のはたらき（他力）によって得られる。信心の体は名号であり、仏の大智大悲心であるから、真実報土にいたって涅槃のさとりを開く正しき因となることが明らかにされる（信心正因）。

〈証　文　類〉

如来回向の行と信によって浄土に往生して得られるさとり（証果）について明らかにされる。その証果は弥陀同体のさとりであり、涅槃とも滅度ともいい、その悲用として、他の衆生を救済する活動に出るという還相が展開する。

〈真仏土文類〉

証のあらわれる境界である阿弥陀仏の浄土が、光明無量・寿命無量の誓願に酬報して成立した世界（報仏・報土）であり、またあらゆるものを救済する根源であることが明らかにされる。

〈化身土文類〉

他力浄土門以外の教えが明らかにされる。自力でもろもろの行を実践して往生を願う「要門」（仮門）、自力で念仏を称えた功徳によって往生しようとする「真門」、自力の修行によってこの世でさとりを完成しようとする「聖道門」や、仏教以外の「外教」にまで説示が及ぶ。前五巻とあわせて、宗教全体にわたる真・仮（聖道門・浄土門内の方便の教え）・偽（外教）の教判となっている。

四、各巻の構成

各巻はそれぞれ、標挙・標列、題号・撰号、本文で構成される。本文はさらに御自釈と引用文に大別される。

①標挙・標列

各巻の冒頭には、巻ごとの内容をあらわした標挙・細註などがあり、坂東本や西本願寺本などの古写本では、表紙の裏に書かれている。

「教文類」の標挙には、「大無量寿経 真実之教 浄土真宗」とあって、『仏説無量寿経』が真実の教であり、この経に説かれる法義が「浄土真宗」であることが示されている。またこれに続いて、教・行・信・証・真仏土・化身土の六法を示した「標列」が掲げられている。なお、西本願寺本などでは、「総序」の前に「大阿弥陀経　友謙三蔵訳／平等覚

経　帛延三蔵訳」の書き入れがある。

「行文類」以下の標挙は、それぞれ『大無量寿経』の願に基づいて記される。前五巻に示された五つの願（第十七・十八・十一・十二・十三願）を特に「真実五願」という。各巻の標挙・標列は以下の通りである。参考として、各巻冒頭等の御自釈で示されている願名についても並記しておく（表記は『聖典全』による）。

〈教　文　類〉大無量寿経　真実之教　浄土真宗

顕真実教一

顕真実行二

顕真実信三

顕真実証四

顕真仏土五

顕化身土六

〈行　文　類〉諸仏称名之願　浄土真実之行　選択本願之行

（第十七願　願名）諸仏称揚之願、諸仏称名之願、諸仏咨嗟之願、往相廻向之願、

選択称名之願

〈信　文　類〉至心信楽之願正定聚之機

（第十八願　願名）念仏往生之願、選択本願、本願三心之願、至心信楽之願、往相信心之願

〈証　文　類〉必至滅度之願

難思議往生

（第十一願　願名）必至滅度之願、証大涅槃之願

〈真仏土文類〉光明无量之願

寿命无量之願

（第十二・十三願　願名）光明・寿命之願

〈化身土文類〉無量寿仏観経之意 至心発願之願 邪定聚機 双樹林下往生

阿弥陀経之意也 至心回向之願 不定聚機 難思往生

（第十九願　願名）修諸功徳之願、臨終現前之願、現前導生之願、来迎引接之願、至心発願之願

（第二十願　願名）植諸徳本之願、係念定生之願、不果遂者之願、至心回向之願

＊なお、「化身土文類」の標挙は、坂東本は別筆、西本願寺本は欠失している。

②題号・撰号

題号については、各巻冒頭に内題、巻尾に尾題が置かれている。

題号「顕浄土真実教行証文類」の「顕」は、「浄土真実の教行証を顕す文類」「浄土真実の教行証文類を顕す」と訓読できることから、二種の解釈がある。前者の訓読の場合は、本書に引用される諸文が「浄土真実の教行証」を「顕」していると解釈し、後者の訓読の場合は、「浄土真実の教行証文類」を親鸞聖人が「顕」すと解釈する。続く撰号「愚禿釈親鸞集」とあわせれば、親鸞聖人が「浄土真実の教行証」を顕す「文類」を集めたという前者の読みが妥当であるように考えられるが、各巻本文における「顕」の用例などからは、親鸞聖人が顕すという後者の読みも妥当性を有しているといえる。

「浄土」とは阿弥陀仏の浄土のことであるが、ここでは特に往生浄土の法門の意を指す。前五巻が「真実」あるいは「真」と続くのに対し、第六巻は「浄土方便」とある。前五巻（真実五巻）では「これこそが浄土真宗の教えである」という形で真実が顕されており、第六巻では「これは浄土真宗の教えではない」と浄土真宗とは異なる教えをえらび捨てる形で真実が顕されている。

「教行証」とは、教は釈尊の教え、行は教えに基づいて修める行法、証は行法によって得られる証果のことを指し、仏教の教義体系をあらわす言葉である。

「文類」とは、経典・論書・釈書などさまざまな文を類聚して集めたといった意味である。名目としては中国・宋代の宗暁の著『楽邦文類』などに前例がある。

撰号については、各巻題号下に「愚禿釈親鸞集」と示される。なお、本文中では「愚禿釈の親鸞」（総序、別序）・「愚禿鸞」（信文類・悲嘆結釈）・「愚禿釈の鸞」（化身土文類・三願転入、後序）と自名を記されている。

各巻の題号・撰号は次の通りである（表記は『聖典全』により、□は欠失を示す）。

〈教　文　類〉内題：□浄土真実教行証文類序（総序）

＊西本願寺本等は「顕浄土真実教行証文類序」

□□□□実教文類一（教文類）

＊西本願寺本等は「顕浄土真実教文類一」

撰号：（総序に無し）

（教文類に無し）　＊西本願寺本等は「愚禿釈親鸞集」

尾題：顕浄土真実教文類一（教文類）

〈行文類〉内題：顕浄土真実行文類二

撰号：（無し）　＊西本願寺本等に「愚禿釈親鸞集」とあり

尾題：顕浄土真実行文類二

〈信文類〉内題：顕浄土真実信文類序（別序）

顕浄土真実信文類三（信文類）

撰号：愚禿釈親鸞集（別序）

愚禿釈親鸞集（信文類）

尾題：顕浄土真実信文類三（信文類）　＊西本願寺本に無し

〈証文類〉内題：顕浄土真実証文類四

撰号：愚禿釈親鸞集

尾題：顕浄土真実証文類四

〈真仏土文類〉内題：顕浄土真仏土文類五
　撰号：愚禿釈親鸞集
　尾題：顕浄土真仏土文類五
〈化身土文類〉内題：顕浄土方便化身土文類六
　撰号：愚禿釈親鸞集
　尾題：顕浄土真実教行証文類六
　＊西本願寺本の「化身土文類」尾題は「顕浄土方便化身土文類六」とある。

③本文

本文は「御自釈」と「引用文」に大別される。

「御自釈」は、親鸞聖人ご自身が作られたご文である（参考：付録ｉ「『教行信証「御自釈」一覧」）。

「引用文」は、本文全体の四分の三程度を占め、引用文献は六十部ほどを数える。『仏説無量寿経』とその異訳、七高僧撰述をはじめとして、『涅槃経』『華厳経』『大集経』といった経典など、浄土教に留まらない仏教典籍が引用されている。

〈三部経（異訳含む）・七高僧ほか浄土教関連〉　＊適宜、略称・通称を用いた。

三　部　経：仏説無量寿経　仏説観無量寿経　仏説阿弥陀経

異訳大経：仏説阿弥陀三耶三仏薩楼仏檀過度人道経（大阿弥陀経）

仏説無量清浄平等覚経（平等覚経）　大宝積経・無量寿如来会

七　高　僧：十住毘婆沙論（龍樹）　浄土論（天親）　往生論註（曇鸞）

讃阿弥陀仏偈（曇鸞）　安楽集（道綽）　観経疏（善導）

法事讃（善導）　観念法門（善導）　往生礼讃（善導）

般舟讃（善導）　往生要集（源信）　選択集（法然）

三部経疏：無量寿経連義述文賛（憬興）　無量寿経義疏（法位）

観経義疏（吉蔵）　観経義疏（元照）　観経扶新論（戒度）

観経疏正観記（戒度）

阿弥陀経義疏（元照）　阿弥陀経疏（智円）

阿弥陀経義疏聞持記（戒度）

そ　の　他：五会法事讃（法照）　念仏三昧宝王論（飛錫）　楽邦文類（宗暁）

龍舒増広浄土文（王日休）　集諸経礼懺儀（智昇）
往生拾因（永観）

〈その他の典籍〉

経　典：悲華経　仏本行集経　大方広仏華厳経（晋訳・唐訳）
大般涅槃経（北本・南本）　集一切福徳三昧経
大方等大集経（日蔵分・月蔵分）　大乗大集地蔵十輪経
般舟三昧経　薬師瑠璃光如来本願功徳経　首楞厳経
不空羂索神変真言経　灌頂経　梵網経

論　書：大智度論（龍樹）　大乗起信論（馬鳴）

釈　書：摩訶止観（智顗）　法界次第初門（智顗）　天台四教義（諦観）
天台四教儀集解（従義）　盂蘭盆経疏新記（元照）
貞元釈教目録　弁正論（法琳）　末法灯明記（伝最澄）

外　典：論語

〈出拠未詳〉「台教祖師山陰云」（行文類）、「律宗用欽云」（行文類）、
「又云」（行文類）、「律宗用欽云」（信文類）、「律宗用欽師云」（信文類）

なお、論書や釈書の中には、数多くの子引（引用）があり、これも含めると膨大な数の文献を参照されていることがうかがえる。『教行信証』では、こうした引用文を縦横に駆使して配列しているが、中井玄道氏によれば、独自の訓点が付される箇所（改点例）や、数文字を省略した箇所（省略例）、字句を変更した箇所（更改例）、文字を加えた箇所（添加例）、原本の意を合糅した箇所（合糅例）、文字を入れ替えた箇所（顚倒例）、一連の文の前後を入れ替えた箇所（前後例）などの特徴があり、意図的に行われたものや、原本に存在していた誤り、写誤などもあると考えられる。

例えば、改点例として、『仏説無量寿経』本願成就文の「至心回向」がある。通常は「至心に回向して」などと読むが、親鸞聖人は、如来回向の義をあらわすために「至心に回向せしめたまへり」（「信文類」引用・『註釈版』二一二頁）と読まれている。

参考文献（総説）

禿氏祐祥『教行信証考証』（興教書院、一九二三年五月二十日）
宮崎圓遵『教行信証考証』（講談社、一九七六年五月二十日）
『顕浄土真実教行証文類　解説』（『宗祖親鸞聖人七百五十回大遠忌『顕浄土真実教行証文類』復刻（西本願寺本）』、浄土真宗本願寺派宗務所、二〇一二年一月十六日）
『『顕浄土真実教行証文類』解説論集』（『『教行信証』の研究』第一巻、浄土真宗本願寺派総合研究所篇、浄土真宗本願寺派宗務所、二〇一二年）
『浄土真宗聖典全書』第二巻「宗祖篇上」『顕浄土真実教行証文類』解説（浄土真宗本願寺派総合研究所編纂、本願寺出版社、二〇一一年）

付録

付録・i『教行信証』「御自釈」一覧

全御自釈の『聖典全』・『縮刷本』・『註釈版』の各頁数（『註釈版』は【 】で示された各巻の通し番号を含む）を一覧にし、対照できるようにした。なお、御自釈名は『註釈版』の柱書、『解説論集』等を参考としたもので、科段を示したものではない。

巻	御自釈		本文	聖典全	縮刷本	註釈版
教	真宗大綱		「謹按浄土～教行信証」	九	一三	一三五【一】
	明真実教	指定経体	「夫顕真実～寿経是也」	九	一三	一三五【二】
		大経大意	「斯経大意～為経体也」	九	一三	
		出世本懐	「何以得知出世大事」	一〇	一四	
	六句嘆釈		「爾者則此～教也応知」	一三	一二	一三八【七】

行	大行釈	直釈	「謹按往相～名之願也」	一五	三三	一四一【一】
		称名破満釈	「爾者称名～念也可知」	一九	四七	一四六【一二】
		六字釈	「爾者南无～就之貌也」	三五	一一二	一七〇【三四】
		吉水引意	「明知是非～念仏成仏」	四八	一五四	一八六【六九】
		広会釈　行信利益	「爾者獲真～可行斯也」	四八	一五五	一八六【七一】
		同　両重因縁	「良知无徳～遇也可知」	四九	一五六	一八七【七二】
		同　行一念釈	「凡就往相～易行至極」	四九	一五七	一八七【七三】
			「経言乃至～弥陀仏也」	五〇	一五九	一八八【七七】
			「爾者乗大～徳也可知」	五〇	一六一	一八九【七八】
		結嘆	「斯乃顕真～行也可知」	五一	一六三	一九〇【八〇】
	追釈	他力釈	「言他力者～本願力也」	五一	一六三	一九〇【八一】
		一乗海釈	「言一乗海～一仏乗也」	五四	一七六	一九五【八四】
			「爾者斯等～之至徳也」	五五	一八一	一九六【九〇】
			「言海者従～心屍骸乎」	五五	一八二	一九七【九一】
		二教二機対	「然就教念～二之教也」	五七	一八七	一九九【九八】

			「亦就機対～機也可知」	五八	一九〇	一九九【九九】
		一乗嘆徳	「敬白一切～可頂戴也」	五八	一九一	二〇〇【一〇〇】
	偈前序説		「凡就誓願～念仏偈曰」	五九	一九六	二〇二【一〇二】
信	大信釈	直釈	「謹按往相～尊重愛也」	六七	二一九	二一一【一】
		結（行信結釈）	「爾者若行～有也可知」	七九	二六六	二二九【一八】
	三一問答	略釈	「問如来本～三為一歟」	七九	二六七	二二九【一九】
		字訓釈	「私闕三心～心也応知」	七九	二六七	二三〇【二〇】
		法義釈	「又問如字～仏意難惻」	八〇	二七〇	二三一【二一】
		同　至心釈	「雖然竊推～為其体也」	八〇	二七一	
			「爾者大聖～是名至心」	八二	二七八	二三四【二五】
			「既言真実言真実者」	八二	二七八	二三四【二六】
			「釈云不簡～明即智明」	八二	二七九	二三四【二七】
		同　信楽釈	「次言信楽～真実信心」	八三	二八〇	二三四【二八】
		同　欲生釈	「次言欲生～疑蓋无雑」	八七	二九七	二四一【三九】
		同　欲生釈二河譬	「真知二河～如金剛也」	八九	三〇四	二四四【四六】

	同　結示	「信知至心～行相応故」	九〇	三〇七	二四五【五〇】
	別釈信楽　大信嘆徳	「凡按大信～智愚毒也」	九一	三〇八	二四五【五一】
	同　菩提心釈	「然就菩提～之邪心也」	九一	三一〇	二四六【五二】
	同　信一念釈	「夫按真実～思慶心也」	九三	三一九	二五〇【六〇】
	同　聞信一念	「然経言聞～土真因也」	九四	三二二	二五一【六五】
	同　現生十益	「獲得金剛～定聚益也」	九四	三二三	二五一【六五】
	同　一念転釈	「宗師云専～道正因故」	九五	三二五	二五二【六六】
	同　結示	「故知一心～是正智也」	九六	三二八	二五三【七〇】
	総結（問答結帰）	「三心即一～答竟可知」	九六	三二九	二五三【七一】
追釈	横超断四流釈	「言横超断～曰横超也」	九六	三三〇	二五四【七三】
		「言断者発～老病死也」	九七	三三三	二五五【七八】
	真仏弟子釈	「言真仏弟～真仏弟子」	九八	三三七	二五六【八四】
	便同弥勒釈	「真知弥勒～本誓故也」	一〇三	三五七	二六四【一〇三】
	仮偽弁釈	「言仮者即～定散機也」	一〇四	三六〇	二六五【一〇六】
		「言偽者則～邪道是也」	一〇四	三六一	二六五【一一〇】

		悲嘆結釈	「誠知悲哉〜恥可傷矣」	一〇五	三六一	二六六【一一三】
	明所被機		「夫仏説難治機」	一〇五	三六二	二六六【一一四】
			「是以今拠〜薬也応知」	一二四	四四〇	二九五【一一八】
			「夫拠諸大〜何思量邪」	一二五	四四一	二九六【一一九】
証	真実証釈	直明	「謹顕真実〜種種身也」	一三三	四七一	三〇七【二】
		四法結釈	「夫案真宗〜浄也応知」	一三七	四八六	三一二【一三】
	還相回向釈		「二言還相〜可披論註」	一三七	四八七	三一三【一四】
	往還結釈		「爾者大聖〜可頂戴矣」	一五一	五四三	三三五【一八】
真	真仏土釈	仏土出願	「謹按真仏〜之願是也」	一五五	五五三	三三七【二】
		真仏土結釈	「爾者如来〜得見仏性」	一七九	六四四	三七〇【三七】
	真仮対弁		「夫按報者〜持也可知」	一七九	六四六	三七一【三九】
化	総釈		「謹顕化身〜胎宮是也」	一八三	六五九	三七五【二】
	要門釈	説意出願	「然濁世群〜願之願也」	一八三	六五九	三七五【三】
			「此願成就〜之文是也」	一八四	六六三	三七六【五】
		勧誡	「爾者夫按〜能也応知」	一八七	六七五	三八一【一四】

観経隠顕		「問大本三〜一也可知」	一八七	六七六	三八一【一五】
		「然今拠大〜之心是也」	一九五	七〇三	三九二【三三】
		「依宗師意〜一乗海也」	一九六	七〇七	三九三【三四】
		「凡就一代〜行之中畢」	一九六	七〇九	三九三【三五】
		「夫雑行雑〜之義答竟」	一九七	七一一	三九五【三六】
小経隠顕		「又問大本〜之義答竟」	一九八	七一六	三九七【三七】
真門釈	説意出願	「夫濁世道〜向之願也」	二〇〇	七二二	三九九【三八】
	結誡	「真知専修〜入報土也」	二〇九	七五四	四一二【六七】
三願転入		「是以愚禿〜頂戴斯也」	二一〇	七五六	四一三【六八】
結説総勧		「信知聖道〜斉悲引也」	二一〇	七五八	四一三【六九】
		「是以拠経〜聖自説也」	二一〇	七五八	四一三【七〇】
		「爾者末代〜依修法也」	二一一	七六一	四一五【七二】
聖道釈	二門通塞	「然拠正真〜末法旨際」	二一一	七六一	四一五【七三】
	三時開遮	「爾者穢悪〜思量己分」	二一三	七六七	四一七【七八】
	（立教開宗）	「按三時教〜十三歳也」	二一三	七六七	四一七【七九】

外教釈	勘決邪偽	「夫拠諸修〜偽異執者」	二三一	七九七	四二九【八一】

付録ii 『教行信証』古本紹介

『教行信証』は、親鸞聖人在世時より書写が行われてきた。その代表となるのが、親鸞聖人自筆の坂東本（真宗大谷派蔵）であろう。ただし坂東本は、関東大震災（一九二三〈大正十二〉年）などの影響もあり、第一冊（教文類・行文類）冒頭部分が大きく欠損している。そのため、坂東本を臨写したとされる西本願寺本（本派本願寺蔵）や、直弟の真仏上人筆とされる専修寺本（高田派専修寺蔵）など、本文を完備した古写本との比較の上で本文が推定されてきた。また、江戸期に坂東本を臨写した模本や、坂東本成立の各段階での様子を伝えるとされる延書本を参考とすることも有効である。ここでは、鎌倉三本と呼ばれる三つの書写本を中心に、『教行信証』の古写本・版本を紹介したい。

1．真宗大谷派蔵親鸞聖人真筆本（坂東本）　六巻六冊

坂東報恩寺に伝来したことから報恩寺本とも呼ばれている。「教文類」「行文類」を一冊とし、「化身土文類」を本末に分けた六冊からなる。料紙に数種あり、行数も一定せず、添削の跡もあることから、「草稿本」とも称されている。その筆跡は主に六十歳頃の前期筆跡、七十歳頃の中期筆跡、八十歳以降の後期筆跡に分けられ、親鸞聖人が手元におかれ、改訂・書改を晩年まで行われていたと考えられている。

第三冊（証文類）と第四冊（真仏土文類）の表紙に聖人自筆で「釈蓮位」の袖書がある。また第一冊（教文類・行文類）の巻尾に別筆で「弘安癸未二月二日釈明性譲預之」、第六冊（化身土文類末）の巻尾に別筆で「弘安陸癸未二月二日釈明性譲預之／沙門性信（花押）」とある。これらは、親鸞聖人在世時および示寂後の坂東本の伝持に関する有力な情報である。

（参考）『顕浄土真実教行証文類（坂東本）影印本』（真宗大谷派、二〇〇五年）
『増補　親鸞聖人真蹟集成』第一・二巻（法藏館、二〇〇五年）
『浄土真宗聖典全書』第二巻「宗祖篇上」（浄土真宗本願寺派総合研究所編

纂、本願寺出版社、二〇一一年）所収本　底本
『顕浄土真実教行証文類（翻刻篇）』（大谷大学編集、真宗大谷派〈東本願寺〉、二〇一二年）

2. 本派本願寺蔵鎌倉時代書写本（西本願寺本）六巻六冊

古来、親鸞聖人の真蹟として伝えられ、整然とした体裁をもつことから、「清書本」と呼ばれてきた。現在は、坂東本の後期筆跡に似た字体で書写されていることなどから、墨書の本文は坂東本を臨写したと考えられ、朱によって訓点などが豊富に書き入れられている。

成立については、第六冊（化身土文類）の奥書（本文と同筆）が二行を残して切断されているが、福井県浄得寺蔵本などにその内容が伝えられており、親鸞聖人十三回忌にあたる一二七五（文永十二）年頃に書写されたと推定されている。ただ、現在もその書写者は明らかでない。

その後、本願寺第三代覚如上人の頃、大町如道への『教行信証』講義の際に用いられたとされる。さらに、第八代蓮如上人の頃、吉崎の坊舎が火災に遭った時、本光房

（本向房）了顕が腹下に押し込み、身を以て護持したとの伝説から、「腹籠りの聖教」「肉付の聖教」とも呼ばれている。

坂東本第一冊の「総序」・「教文類」の部分は損傷が激しい状態にあるが、西本願寺本はその本文を完備しており、『教行信証』の歴史的展開を知り本文を読んでいく上で、欠くことのできない大変貴重な一本である。

（参考）『顕浄土真実教行証文類　復刻（西本願寺本）』（浄土真宗本願寺派宗務所、二〇一二年）

『本願寺蔵　顕浄土真実教行証文類　縮刷本』上下（『『教行信証』の研究』第三・四巻、浄土真宗本願寺派宗務所、二〇一二年）

『浄土真宗聖典（原典版）』（真宗聖典編纂委員会編、本願寺出版部、一九八五年）所収本　底本

『浄土真宗聖典全書』第二巻「宗祖篇上」所収本　対校本甲

3．高田派専修寺蔵真仏上人書写本（専修寺本）　六巻六冊

西本願寺本と同じく、古来、親鸞聖人の真蹟とされてきた。しかし、現在では、親

鸞聖人の直弟である真仏上人の筆と考えられている。第六冊(化身土文類)の最後の一葉の半分が切断されており、一二五五(建長七)年に専信房専海が書写した旨の記述があったと推定されている。

「行文類」の標挙などは、改訂前の坂東本の文言を伝えたものと考えられており、親鸞聖人八十歳頃の坂東本の様子を伝える書写本として貴重な一本である。

(参考)『顕浄土真実教行証文類』六冊(便利堂、一九八六年)

『専修寺本 顕浄土真実教行証文類』上下(法藏館、一九七五年)

『浄土真宗聖典全書』第二巻「宗祖篇上」所収本 対校本乙

4. その他

1~3は「鎌倉三本」ともいわれ、現存する『教行信証』の書写本の中でも最も古い三本である。また、現存諸本をうかがうと、一二四七(寛元五)年に尊蓮(日野信綱)が書写した旨を伝える奥書を有する書写本がいくつか伝えられており、暦応四年書写本(大谷大学蔵)奥書には「寛元五年二月五日以善信聖人御直筆秘本加書写校合訖 隠倫尊蓮六十六歳」などとあり、文明本(龍谷大学蔵)などにも同様の文言が伝わる。

漢文体の古写本としては、存覚上人書写本（京都府常楽寺蔵）、存如上人授与本（本派本願寺蔵）など、室町時代末までに多くの書写本が製作されている。また、善如上人書写本（本派本願寺蔵）など、本文を和漢混交の書き下し文にした延書本も盛んに製作され、十七冊本、十九冊本、二十冊本など数系統が伝えられている。

古写本のほか、版本も古くから存在したと考えられている。高田新出本・高田室町末期本（いずれも高田派専修寺蔵）などの奥書により、親鸞聖人示寂からしばらく後、一二九一（正応四）年に、『教行信証』の出版がなされたと推定されている。その跋文の一部は、存如上人授与本など本願寺系八冊本の奥書や、江戸期刊本の刊記などにも受け継がれており、後世にも大きな影響を与えている。

詳細は次に挙げる書籍等を参照されたい。

（参考）禿氏祐祥『教行信証考証』（興教書院、一九二三年）
宗学院編『古写古版真宗聖教現存目録』（興教書院、一九三七年）
藤島達郎「教行信証書誌」（『親鸞聖人真蹟　国宝　顕浄土真実教行証文類

影印本 解説』、大谷派宗務所、一九五六年）
宮崎圓遵『教行信証考証』（講談社、一九七六年）
重見一行『教行信証の研究—その成立過程の文献学的考察—』（法藏館、一九八一年）
龍谷大学善本叢書三四『顕浄土真実教行証文類』（永田文昌堂、二〇二〇年）

付録iii　略年表　親鸞聖人の生涯と『教行信証』の歴史

【参考】『本願寺年表』、『浄土真宗必携〜み教えと歩む〜』、『増補改訂本願寺史』第一巻、『浄土真宗聖典全書』第二巻付録「年表」ほか。表記は『本願寺年表』等を参考とした。

年号	西暦	年齢	月・日	事項
承安　三	一一七三	一	○	京都・日野の里で誕生〈真筆本奥書などによる推定〉
養和　元	一一八一	九	春	慈円和尚のもとで出家・得度。範宴と称する。以後、比叡山で学問修業の日々を過ごす〈親鸞聖人伝絵など〉
建仁　元	一二〇一	二九	○	六角堂に百日参籠。九十五日目の暁に聖徳太子の示現にあずかる。

				その後、東山吉水の法然聖人の草庵に百日通い、専修念仏に帰す〈恵信尼消息・親鸞聖人伝絵など〉
元久　元	一二〇四	三二	一一・―	法然聖人、「七箇条制誡」を出す。親鸞聖人は「僧綽空」と署名〈京都府二尊院蔵〉
元久　二	一二〇五	三三	○	法然聖人より『選択集』と真影の書写を許可される。
			四・一四	法然聖人はその書写本に内題と「南無阿弥陀仏往生之業念仏為本」および「釈綽空」の名を真筆で書く〈後序〉
			閏七・二九	図画した影像に法然聖人が讃を記す。同日、綽空の名を改め、法然聖人がその名を記す〈後序〉
承元　元	一二〇七	三五	二・上旬	興福寺の訴えにより専修念仏停止。法然聖人や師弟などが罪科に処され、親鸞聖人は越後に配流される（承元の法難）。以後、親鸞聖人は愚禿親鸞と名乗り、非僧非俗の生活を送る〈後序〉

建暦　元	一二一一	三九	一一・一七	流罪を赦免される〈後序〉
建保　二	一二一四	四二	○	この頃、ご家族とともに関東に赴く。途中、上野国佐貫において三部経千部読誦を発願するがまもなく中止〈御消息〉
元仁　元	一二二四	五二	○	『教行信証』に仏滅年代算定基準としてこの年をあげる〈化身土文類〉
貞永　元	一二三二	六〇	○	この頃、関東二十年の教化を終え、京都へ帰洛
宝治　元	一二四七	七五	二・五	尊蓮に『教行信証』の書写を許す。これをもって一応の完成とみられている〈暦応本奥書など〉
建長　七	一二五五	八三	六・二二	専信、『教行信証』書写〈専修寺蔵・宝暦十二壬午年六月三日御目録〉
			冬	真仏・顕智、『教行信証』を相伝する〈顕正流義鈔〉
弘長　二	一二六二	九〇	一一・二六	三条富小路の善法坊で往生〈親鸞聖人伝絵など〉
文永一二	一二七五			西本願寺本書写〈福井県浄得寺蔵本などによる推定〉

弘安　六	一二八三			明性、坂東本を相伝する〈坂東本奥書〉
正応　四	一二九一			性海、出版か〈中山寺本・高田慶長本などの奥書による〉
嘉暦　三	一三二八		一二・二八	『教行信証大意』成立〈本願寺蔵蓮如書写本奥書〉
興国　四 康永　二	一三四三		五・一七	存覚、乗智のために『教行信証』を延書にする〈龍谷大学蔵本奥書〉
延文　五	一三六〇		一・二三	善如、『教行信証』延書十七冊本を書写〈善如書写本奥書〉
			八・一	存覚、『六要鈔』を著す〈本願寺蔵慈観書写本奥書〉
正平一六 康安　元	一三六一			○親鸞聖人百回忌
応永　八	一四〇一		一一・二八	巧如、『教行信証』延書を写す〈大阪府妙琳坊蔵本奥書〉
応永年中				巧如、信濃浄興寺芸範に『教行信証』を授ける〈浄興寺蔵本奥書〉

宝徳　三	一四五一		八・一六	存如、加賀木越性乗に前年蓮如書写の『教行信証』を授ける〈存如授与本奥書〉
享徳　三	一四五四		七・八	蓮如、越前円金に『教行信証』延書を授ける〈大阪府願泉寺蔵本貼紙〉
寛正　二	一四六一		七・―	蓮如、近江安養寺浄性に『教行信証』延書を授ける〈本願寺蔵本奥書〉
				○親鸞聖人二百回忌
文明　五	一四七三		三・―	蓮如、『正信偈和讃』を刊行〈文明本奥書〉
延徳　元	一四八九		一〇・二八	蓮如、『教行信証』延書を写す〈愛知県蓮成寺蔵本奥書〉
永禄　四	一五六一			○親鸞聖人三百回忌
寛永一三	一六三六			中野市右衛門、『教行信証』を刊行（寛永版）
正保　三	一六四六			中野是誰、『教行信証』を改訂、刊行（正保版）
明暦　三	一六五七			丁子屋九郎衛門、『教行信証』を刊行（明暦版）
寛文　元	一六六一			○親鸞聖人四百回忌
寛文　九	一六六九			河村利兵衛、『教行信証』を刊行（寛文版）

宝暦一一	一七六一			○親鸞聖人五百回忌
安永　五	一七七六			本願寺、『教行信証』（明暦版）を蔵版とする 〈本典六要板木買上始末記〉
文政一〇	一八二七			本願寺、『教行信証』（明暦版）を改刻
文久　元	一八六一			○親鸞聖人六百回忌
大正一二	一九二三			『顕浄土真実教行証文類』四冊（本願寺蔵本の縮小モノクロ版）刊行 ○立教開宗七百年記念慶讃法要
昭和三六	一九六一			『聖典意訳　教行信証』刊行 ○親鸞聖人七百回忌
昭和四二	一九六七			本願寺蔵版『教行信証』改版
昭和五一	一九七六			『顕浄土真実教行証文類』六冊（本願寺蔵本の原寸カラー版・講談社）刊行 ○親鸞聖人御誕生八百年・立教開宗七百五十年慶讃法要

昭和五五	一九八〇			本願寺蔵版『教行信証』改版
昭和六〇	一九八五			『浄土真宗聖典（原典版）』刊行
昭和六三	一九八八			『浄土真宗聖典（註釈版）』刊行
平成　九	一九九七			『The Collected Works of Shinran』刊行
平成一二	二〇〇〇			『浄土真宗聖典　顕浄土真実教行証文類（現代語版）』刊行
平成一六	二〇〇四			『浄土真宗聖典（註釈版第二版）』刊行
平成二三	二〇一一			『浄土真宗聖典全書』第二巻「宗祖篇上」刊行 『本願寺蔵顕浄土真実教行証文類　復刻』（本願寺蔵本の原寸カラー版）刊行 ○親鸞聖人七百五十回忌
平成二四	二〇一二			『本願寺蔵顕浄土真実教行証文類　縮刷本』上・下（『『教行信証』の研究』第三・四巻）刊行
令和　五	二〇二三			○親鸞聖人御誕生八百五十年・立教開宗八百年慶讃法要

付録・ⅳ　親鸞聖人の著作と書写

親鸞聖人の著作や書写聖教を、漢文・和文・その他に分けて示し、それぞれ書写年時等を示した。なお、書写年時等は、『聖典全』解説および諸本奥書に準じて表記した。

1．漢文

『教行信証』六巻　元仁元年（一二二四）起稿か〔真筆〕
『浄土文類聚鈔』一巻　建長四年（一二五二）三月草稿か
『愚禿鈔』二巻　建長七年（一二五五）七月再治か
『入出二門偈頌』一巻　建長七年（一二五五）八月撰
建長八年（一二五六）三月以前

2. 和文

『浄土和讃』一巻　宝治二年（一二四八）正月撰〔一部真筆〕

『高僧和讃』一巻　宝治二年（一二四八）正月撰〔一部真筆〕

『正像末和讃』一巻　正嘉二年（一二五八）九月撰〔一部真筆〕

『皇太子聖徳奉讃』（七五首）一巻　建長七年（一二五五）十一月撰

『大日本国粟散王聖徳太子奉讃』（一一四首）一巻
康元二年（一二五七）二月撰

『浄土三経往生文類』一巻
略本＝建長七年（一二五五）八月撰〔真筆〕
広本＝康元二年（一二五七）三月撰

『尊号真像銘文』
建長本＝建長七年（一二五五）六月撰〔真筆〕
正嘉本＝正嘉二年（一二五八）六月撰〔真筆〕

『一念多念文意』一巻
康元二年（一二五六）二月写〔真筆〕

『唯信鈔文意』一巻
建長二年（一二五〇）十一月写
康元二年（一二五七）正月写〔真筆〕ほか

『如来二種回向文』一巻　康元元年（一二五六）十一月撰
『弥陀如来名号徳』一巻　文応元年（一二六〇）十二月写
『親鸞聖人御消息』真筆十二通、古写消息六通、末灯鈔（従覚編）ほか

3．その他

●加点・延書

『往生論註』二巻（曇鸞撰）　建長八年（一二五六）七月加点〔真筆〕
「善導大師五部九巻」（外題ほか）
『選択集延書』二巻　正元元年（一二五九）九月写

●真筆

『観無量寿経註』一巻　壮年期か
『阿弥陀経註』一巻　壮年期か
『唯信鈔』一巻（聖覚撰）　寛喜二年（一二三〇）五月写ほか
『西方指南抄』六巻　康元元、二年（一二五六、一二五七）写

以上のほか、真筆願文、真筆和讃、涅槃経・大集経文、大般涅槃経要文、見聞集、浄肉文、曇摩伽菩薩文、須弥四域経文、浄土本縁経文、道綽禅師略伝、信微上人御釈、三骨一廟文、烏龍山師並屠児宝蔵伝、数名目・十悪、晨旦国十四代、法然聖人御消息（熊谷入堂への御返事）や本尊影像讃文などが親鸞聖人真筆として知られている。

●写伝

『自力他力事』一巻（隆寛撰）　寛元四年（一二四六）三月写
『一念多念分別事』一巻（隆寛撰）　建長七年（一二五五）四月写
『後世物語聞書』一巻（伝隆寛撰）　建長六年（一二五四）九月写
『上宮太子御記』一巻　正嘉元年（一二五七）五月写

＊以下、年紀不明、直弟書写ほか
「親鸞夢記云」「六角堂夢想偈文」（いずれも真仏上人筆）
「四十八誓願」（真仏上人筆）

「光明寺善導和尚言」（真仏上人筆）

「往生要集云」（真仏上人筆）

『仏説無量寿経延書』四巻（親鸞聖人加点本より延書）

『仏説観無量寿経延書』一巻（本末二巻のうち末巻、親鸞聖人加点本より延書）

付録V　地図(親鸞聖人史蹟略図・京都聖蹟略図)

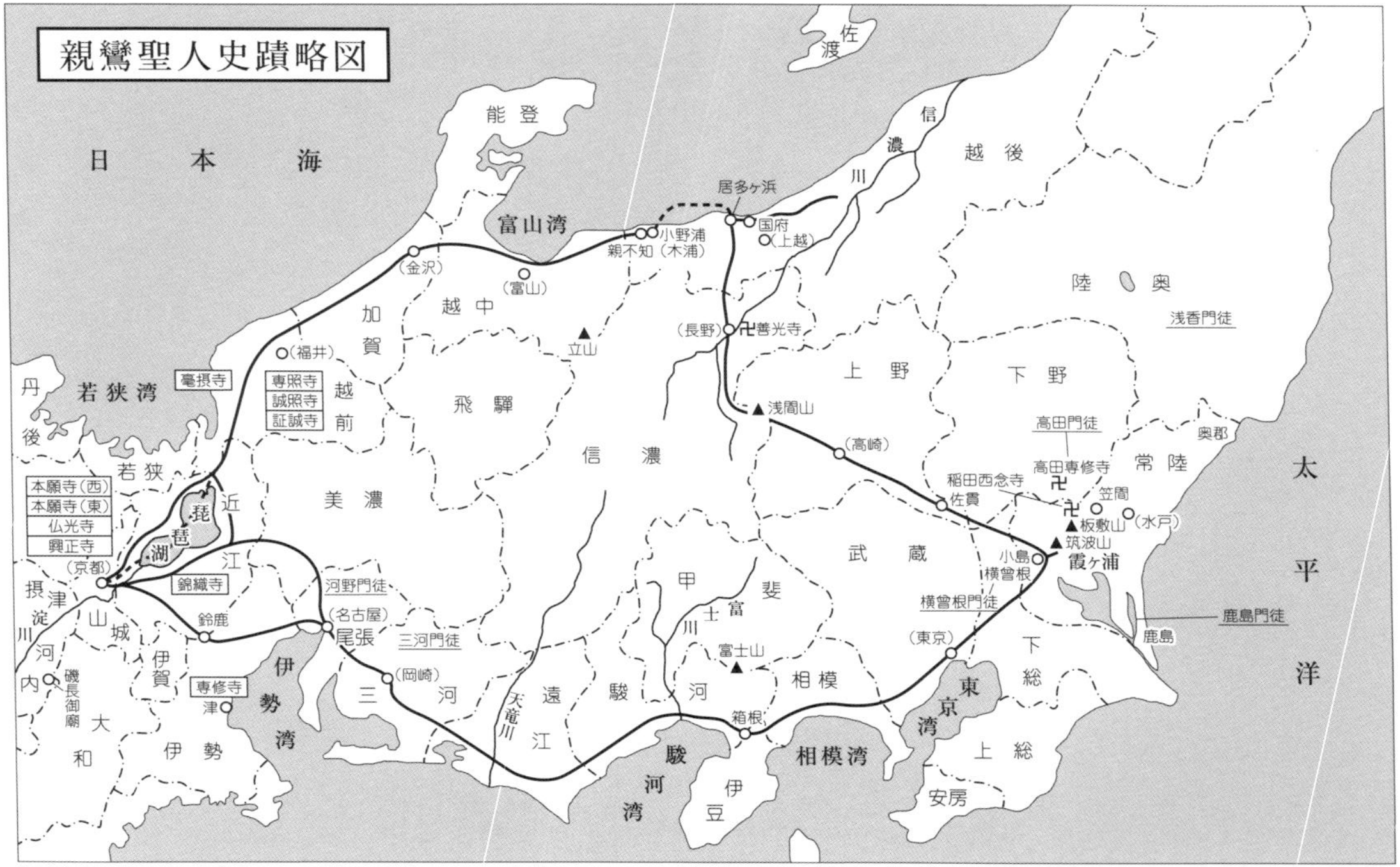

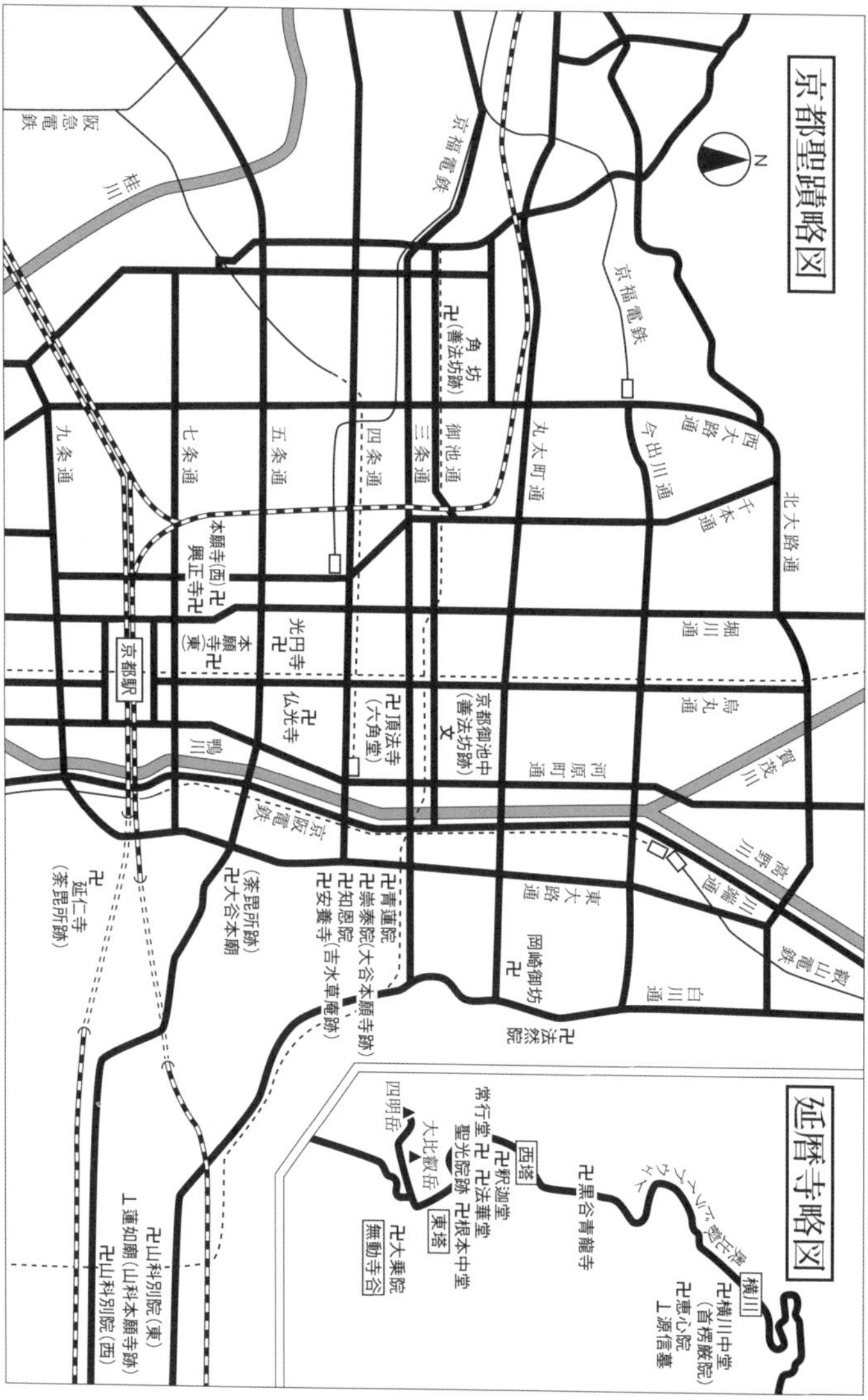
京都聖蹟略図
N
阪急電鉄
桂川
京福電鉄
京福電鉄
角坊
卍（善法坊跡）
西大路通
北大路通
今出川通
千本通
丸太町通
御池通
三条通
四条通
五条通
七条通
九条通
堀川通
烏丸通
河原町通
賀茂川
高野川
川端通
叡山電鉄
白川通
東大路通
岡崎御坊卍
卍法然院
本願寺（西）卍
興正寺卍
本願寺（東）卍
光円寺卍
京都駅
鴨川
卍仏光寺
卍頂法寺（六角堂）
京都御池中（善法坊跡）文
京阪電鉄
卍延仁寺（荼毘所跡）
卍大谷本廟（荼毘所跡）
卍青蓮院
卍崇泰院（大谷本願寺跡）
卍知恩院
卍安養寺（吉水草庵跡）
卍山科別院（東）
蓮如廟（山科本願寺跡）
卍山科別院（西）
延暦寺略図
四明岳
大比叡岳
常行堂卍
聖光院跡
西塔
卍釈迦堂
卍法華堂
卍根本中堂
東塔
卍大乗院
無動寺谷
卍黒谷青龍寺
横川
卍横川中堂（首楞厳院）
卍恵心院
源信墓

参考図書

主に参考とした聖典や書籍の中で一般の方も手にとりやすいものを掲げておく。

●浄土真宗の聖典（いずれも本願寺出版社）

『浄土真宗聖典（註釈版第二版）』（二〇〇四年）

『浄土真宗聖典（註釈版七祖篇）』（一九九六年）

『浄土真宗聖典　顕浄土真実教行証文類（現代語版）』（二〇〇〇年）

『浄土真宗聖典全書』第二巻「宗祖篇上」（二〇一一年）

『THE COLLECTED WORKS OF SHINRAN』（一九九七年）

●浄土真宗のみ教えや歴史に関する書籍

浄土真宗必携編集委員会編『浄土真宗必携～み教えと歩む～』（本願寺出版社、二〇

一二年）
本願寺史料研究所編『増補改訂　本願寺史』第一巻（本願寺出版社、二〇一〇年）
浄土真宗本願寺派宗学院編『本典研鑽集記』上・下（方丈堂出版、二〇一二年）
勧学寮監修『真宗の教義と安心』（本願寺出版社、一九九四年）
勧学寮編『釈尊の教えとその展開――インド篇――』（本願寺出版社、二〇〇八年）
勧学寮編『釈尊の教えとその展開――中国・日本篇――』（本願寺出版社、二〇〇九年）
勧学寮編『浄土三部経と七祖の教え』（本願寺出版社、二〇〇八年）
勧学寮編『親鸞聖人の教え』（本願寺出版社、二〇一七年）
梯實圓『聖典セミナー　教行信証――教行の巻――』（本願寺出版社、二〇〇四年）
梯實圓『聖典セミナー　教行信証――信の巻――』（本願寺出版社、二〇〇八年）
千葉乘隆・徳永道雄『親鸞聖人　その教えと生涯に学ぶ』（本願寺出版社、二〇〇九年）
浄土真宗本願寺派総合研究所編『『教行信証』の研究』（浄土真宗本願寺派宗務所、二〇一二年）

第一巻『顕浄土真実教行証文類』解説論集
第二巻『顕浄土真実教行証文類』の背景と展開
第三巻　本願寺蔵顕浄土真実教行証文類　縮刷本　上
第四巻　本願寺蔵顕浄土真実教行証文類　縮刷本　下

あとがき

このたび、親鸞聖人御誕生八百五十年・立教開宗八百年慶讃法要を記念し、本書を発刊できましたこと、ご尽力をいただいたすべての方々に心より厚くお礼を申しあげます。

浄土真宗本願寺派総合研究所では、研究所所長であった丘山願海師（令和四年四月二十五日往生）の構想のもと、令和の時代にこれまで浄土真宗に縁の薄かった方々にも親しんでもらえる書籍の出版を目指し、親鸞聖人の主要著書である『顕浄土真実教行証文類（教行信証）』から、その「御自釈」の訳に取り組んでまいりました。

このような現代語訳に取り組んだ背景には、社会の混迷があります。また、生きづらさやさまざまな困難を抱えながら、どのようにこの時代と向き合い、そして自分自身に向き合って生き抜いていくのかということが、必死に問われている時代なのだということへの意識があります。いまから八百五十年前に親鸞聖人が誕生され、生き抜かれた鎌倉時代も混迷を極める時代でした。聖人が時代と向き合い、人びとと向き合い、自分自身を見つめられた、その言葉を受け取ることは、私たちの人生にとって大きな指針となります。

聖人が向き合われた時代の中に紡ぎだされたものを、いまの言葉に「翻訳」することは、私たち自身がいまの時代をいかに捉えて向き合っているのかということがただちに問われてくる作業であり、困難さを極めるものでした。幸いなことに研究所は優秀な研究員に恵まれ、このたびの翻訳を成すことができました。

また、こうした翻訳は、この先々も常に更新されながら、時代と人びとに真摯に向き合っていくものでしょう。

本書の刊行に際し、編集・出版にご尽力いただきましたPHP研究所の佐藤義行さま、リライトにご尽力いただきました作家の松下隆一先生に、あらためて深謝を申しあげます。また、会議や編集をはじめとするすべての活動を支えてくださった本願寺出版社スタッフのみなさま、総合研究所で作業にあたった岡崎秀麿上級研究員、冨島信海研究員、遠山信証研究助手、林龍樹研究助手、それぞれの大変な実務作業のおかげで本書が刊行できました。感謝を申しあげます。

二〇二三（令和五）年三月

浄土真宗本願寺派総合研究所副所長　寺本　知正

編集協力　松下隆一
制作協力　ＰＨＰ研究所
　　　　　ＰＨＰエディターズ・グループ

八百年の時を超えて　今あなたに伝えたい
親鸞聖人のことば　―『教行信証』御自釈を読む―

2023年4月20日　初　版　第1刷発行
2023年8月20日　　　　　第2刷発行

編集　浄土真宗本願寺派　総合研究所
　　　浄土真宗本願寺派　情報メディアセンター本部

発行　本願寺出版社
　　　〒600-8501
　　　京都市下京区堀川通花屋町下ル
　　　浄土真宗本願寺派（西本願寺）

印刷　大村印刷株式会社

MO02-SH2-①80-32

ISBN978-4-86696-039-5 C0015